세계인이 감탄한
급이 다른
영어 회화

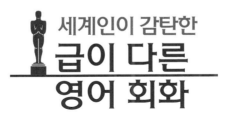

세계인이 감탄한
급이 다른
영어 회화

영화 〈기생충〉 해외 인터뷰
샤론최의 찐 영어

맥스잉글리쉬 지음

틔움

추천사

┃김기훈 ㈜쎄듀 대표 이사, 메가스터디 수능 영어, 공단기 공무원 영어 대표 강사

'영어 교육'이 하나의 산업이 될 정도로 우리는 영어 학습에 많은 시간과 비용을 들여 왔습니다. 그럼에도 우리의 영어 '구사력'은 그다지 나아지지 않았습니다. 이유는 단 하나! 내신, 수능, TOEIC, TOEFL, TEPS, G-TELP, 대학 편입, 공무원 등 수험 영어 학습에 거의 총력을 기울여 왔기 때문입니다. 반면 수험 영어에 들인 시간과 비용의 절반도 안 되는 투자를 하면서도, 영어를 '교양 있는 원어민' 수준으로 잘하는 분들이 꽤 많습니다. 학습 동기가 근본적으로 다르고 접근 방식 또한 다르기 때문입니다. 시험을 잘 보기 위해서가 아니라 '언어'로서 영어를 습득하려는 동기를 가질 때, 그리고 '아하, 이럴 땐 이런 말을 쓰는구나!' 하는 깨달음을 얻으며 일종의 '놀이'처럼 접근할 때 그 결과는 엄청난 차이를 보입니다.

교재나 학습서 그리고 강의를 통해 하는 '닫힌 공부'가 아니라 영어로 된 모든 것을 흥미롭게 '체득'하는 학습자들에게 훌륭한 재료들이 넘쳐 납니다. 이 책이 바로 독자 여러분들에게 그런 재료가 됩니다. 영화 〈기생충〉을 감상했고, 아카데미 시상식의 주요 부문을 석권한 봉준호 감독을 알고, 이른바 '찐' 통역의 진수를 보여 준 샤론최를 알고, 자신의 영어 실력을 한 단계 업그레이드 하고자 하는 소망이 있는 분이라면 반드시 이 책을 탐독해야 합니다.

이 책을 즐겁게 읽어나가다 보면 무엇보다도 '영어식 사고방식'을 습득하는 데 큰 도움이 될 것입니다. '뭐 남의 나라 말을 배우는 데 사고방식까지 들먹거리나' 하는 분들은 영어 뿐 아니라 어떠한 언어도 제대로 습득하기 힘들 것입니다. 사고방식을 바꾸자는 것이 아닙니다. 영어를 할 때 영어식으로, 중국어를 할 때는 중국어식으로, 일본어를 할 때는 일본어식으로 할 수 있어야 언어의 본질적 기능, 즉 '소통'을 제대로 할 수 있기 때문입니다. 30여년 간 학습자로, 또 선생으로 영어와 함께해 온 영어 교육 전문가로서 이와 같은 책을 쓴 필자에게 감

사함을 전합니다. 이 책은 '언어로서의 영어' 학습자뿐 아니라 당장 특정 영어 시험을 앞둔 학습자들에게도 큰 도움이 될 것이라 확신합니다.

┃ 유수연 영단기 토익 대표 강사, 울산대학교 영문학과 겸임 교수

내가 만난 Mac은 도전하는 젊음이 무엇인가를 다시 상기시켜 준 친구이다.

이 책은 봉준호라는 영화 대가의 사상과 샤론최의 살아 있는 영어를 정말 깊이 있고 재미있게 풀어냈다. 사실 이렇게 집요하게 공부하고 또한 그것을 즐기는 그의 열정과 노력을 만났다는 것이 나에게는 벅찬 울림이었다. 이 책을 만나게 될 독자들에게도 그의 도전은 이 어려운 시대의 새로운 도전의 방향과 노력에 대한 좋은 이정표가 되어 줄 것이다.

┃ 이동형 싸이월드 창업자, 경남창조경제혁신센터 센터장

재미있는 컨텐츠에 새로운 시각으로 새로운 가치를 부여하는 도전이어서 또 하나의 혁신이라고 생각된다. 독자에게 즐거운 배움을 제공하는 콘텐츠의 시작이 되길 바란다.

┃ 서미소랑 EBS·아리랑TV 영어 아나운서, 치과 의사

이 책의 저자 Mac은 영어 인터뷰의 스크립트 일부를 가져와서, 샤론최가 왜 그 단어와 표현을 선택했는지에 관해 설명한다. 이해하기 쉽고 친절하게 설명되어 있어서 읽다 보면 어느새 원어민이 쓰는 유용한 영어 표현들을 익히게 된다.

┃ 김태훈 국제회의 통역사, 한국외국어대학교 객원 교수

봉준호 감독의 한마디 한마디를 마치 예상이라도 했다는 듯이 거침없이, 순발력 있게 통역해 내는 샤론최의 모습을 보며 깊은 감명을 받았다. 이렇게 뛰어난 통역사가 뱉은 주옥 같은 문장들을 영어 학습자들이 쉽고 편하게 익힐 수 있도록 책으로 쓴 Mac 선생님의 노고에 박수를 보낸다. 샤론최의 명문장을 통해 많은 학습자들의 영어 실력이 한층 더 업그레이드될 수 있기를 바란다.

한국인에게 맞는
영어식 사고와 표현을 익힌다

영어를 업으로 하는 저는 그동안 외국 영화의 자막이나 유명 연예인과 스포츠 선수들의 해외 인터뷰 통역과 번역에 아쉬움이 많았습니다. 언어의 차이는 사고 방식과 문화의 차이에서 비롯되는 경우가 많은데, 이런 측면에서의 깊은 이해와 고민 없이 언어만 바꿔 전달해 원어의 뉘앙스와 분위기, 재미 등이 제대로 전달되지 못하는 경우가 많았거든요.

2019년에 나온 〈기생충〉은, 봉준호 감독이 오랜만에 한국인만을 타깃 관객으로 설정하고, '반지하', '짜파구리' 등 한국적인 요소들을 잔뜩 넣어 만든 영화였죠.

그런 아주 한국적인 영화 〈기생충〉이 프랑스 칸 영화제와 미국 아카데미 영화제를 석권하고 3,000억 원이 넘는 수익을 올리자 전 세계 언론이 이 영화와 봉준호 감독의 생각을 궁금해하기 시작했습니다. 이때 샤론최가 '영어식 사고'에 맞게 원어민에게 익숙한 표현으로 한국인의 문화와 사회 현상을 직관적으로 통역했고, 전 세계는 그의 입을 통해 〈기생충〉과 봉준호 감독 그리고 참여한 배우들의 말을 쉽게 공감할 수 있었습니다.

이를 계기로 봉준호 감독뿐만 아니라 샤론최를 따르는 팬들이 전 세계에 생기게 되었습니다. 저는 샤론최의 해외 활약에 대해서 한국에 알리고 싶었습니다. 샤론최가 자랑스럽기도 했지만, 그녀의 통역 하나하나가 훌륭한 영어 학습 자료이기도 하거든요. 봉준호 감독의 인터뷰와 샤론최의 통역을 보고 읽다 보면 "한국어로 말한 내용을 어떻게 자연스러운 영어 표현으로 바꿀 수 있을까?"에 대한 모범 답안이 보이기 때문이죠!

영어와 한국어는 문장 구성과 순서가 다른 언어입니다. 똑같은 상황에 대해서도 무엇을 주어로 놓고 어떤 동사를 쓰느냐에 따라 다르게 받아들여집니다. 말하는 사람의 의도와 뉘앙스 등을 제대로 반영하기 위해서는 의미만을 전달하는 통역이 아니라 상황에 어울리는 영어식 표현을 익혀야 합니다.

저는 이 책과 유튜브 영상 제작을 위해 샤론최와 봉준호 감독이 한 수백 편의 인터뷰를 보고 분석하면서 내용적으로 의미가 있고 영어 학습적으로도 배울 것이 있는 표현들을 엄선했습니다.

이 책의 활용법

QR 코드를 통해 해당 인터뷰 영상과 함께 내용을 즐기다 보면, 영화 〈기생충〉과 봉준호 감독에 대한 숨은 이야기에 빠져들게 됩니다. 여기에 줌업Zoom Up이라는 꼭지를 통해 효과적인 영어 표현의 핵

> **QR코드 접속법**
> 방법 1 스마트폰의 기본 카메라 어플을 켜서 QR코드를 찍습니다(비춥니다).
> 방법 2 네이버 어플의 하단 녹색원을 누른 후 렌즈를 터치해서 QR코드를 찍습니다.
> 방법 3 QR코드 촬영 어플로 QR코드를 찍습니다.

심 포인트와 통역에 쓰인 숙어나 문법적 표현들을 '원리에 맞게' 익힐 수 있습니다. 매 인터뷰 마지막에는 맥스픽Mac's Pick이라는 꼭지를 두고, 독자 여러분들께 가장 도움이 될 문장을 뽑아 비슷한 구조로 영작하며 핵심 표현을 익힐 수 있도록 했습니다. 꼭 책의 빈 공간에 직접 써보며 영작해 보길 바랍니다. 혹시 영작이 부담스러우면 너무 무리하지 말고, 제가 써 놓은 예문에서 가볍게 단어 한두 개만 바꿔 보기를 추천합니다. 문장 속 핵심 표현을 익히는 게 목적이니까요.

이렇게 봉준호 감독과 샤론최의 인터뷰를 즐기며, 줌업에서 영어에 대한 통찰과 이해를 높이고 맥스픽으로 핵심 표현들을 하나씩 익혀 가면, 이 책이 끝날 때 즈음엔 독자 여러분의 영어 수준이 한 단계 높아져 있을 것입니다.

영어에 부담을 느끼시는 분들이라면 이야기 위주로 보시면서 눈에 들어오는 줌업과 맥스픽을 위주로 연습해 보세요. 이후에 전체적으로 다시 보면서 영어의 원리를 음미하고 연습하면 영어 실력이 두 단계, 세 단계 성장할 것입니다.

끝으로 이 책이 나오게 허락해 주신 봉준호 감독님, 샤론최님, CJ, 바른손에 감사드립니다.

2020년 여름 맥스잉글리쉬(Mac Park)

차례

> **" It occurs to me that maybe we haven't created such a bad movie. ”**
>
> "우리가 영화를 잘못 만들지는 않았구나"라는 생각이 듭니다.

영화 〈기생충〉에 대한 관심도가 본격적으로 커지게 된 것은 미국 내 영화제 시즌 중 SAG 어워드 앙상블상을 받으면서입니다. SAG 어워드(Screen Actors Guild Awards)는 '미국 배우 조합 어워드'라고 번역되는데요. 할리우드에서 활동하는 배우들이 협회를 만들어 투표하여 영화 부문과 TV 드라마 부문에 주는 상입니다. 미국 내 영화 시상식 중 Top 5에 손꼽히는 권위가 있죠. 여기서 〈기생충〉 팀은 '앙상블상'을 받았는데요. 배우들의 연기와 팀워크, 조화 등을 평가하여 주는 상입니다. 수상 당시 리어나도 디캐프리오, 브래드 피트 등 내로라하는 배우들이 박수갈채를 보내는 장면이 잡히면서 〈기생충〉 팀의 영화제 레이스에 본격적인 관심이 시작되었죠.

MC   And the <u>Actor goes to</u> 〈Parasite〉! [1]

           (수상자는 〈기생충〉입니다!)

아나운서	The cast of ⟨Parasite⟩ celebrates a collaboration of ten actors. ⟨Parasite⟩ becomes the first foreign language film in the history of SAG awards to win this award.

(⟨기생충⟩ 연기자들은 10명의 협업을 멋지게 세상에 알렸습니다. ⟨기생충⟩은 SAG 어워드 역사상 최초로 상을 받은 외국어 영화입니다.)

송강호   Thank you so much. Great honor.

(감사합니다. 큰 영광입니다.)

⟨기생충⟩이란 영화는 제목이 기생충인데, 사실 영화 내용은 보셔서 아시겠지만 "우리가 어떻게 살면 좋을까"라는 공생에 관한 영화라고 생각합니다.

샤론최   Although ⟨Parasite⟩, the title is Parasite, I think the story is about co-existence and how we can all live together.

송강호   이렇게 앙상블 최고의 상을 받으니까 "우리가 영화를 잘못 만들지는 않았구나"라는 생각이 듭니다.

샤론최   To be honored with the Best Ensemble Award, it occurs[2] to me that maybe we haven't created such a bad movie.[3]

송강호   오늘 존경하는 대배우님들 앞에서 큰 상을 받게 되어 너무 영광스러웠고, 오늘의 아름다운 밤을 영원히 기억하겠습니다. 대단히 감사합니다.

샤론최   I'm so honored to receive this award in front of such amazing actors that I admire, I will never forget this beautiful night. Thank you so much.

〈1〉 짤막 영화 지식!

스크립트 첫 문장에서 MC가 "The Actor goes to…"라고 해서 갸우뚱하셨나요? "The winner is(수상자는)…"나 "The prize goes to(이 상은)…"이라면 이해가 되지만요.

사실, actor를 대문자 Actor로 표기한 것은 배우라는 뜻이 아니라, SAG 어워드의 트로피의 명칭이 Actor, 즉 고유 명사이기 때문이에요. 간단하죠? 아카데미 시상식의 트로피는 Oscar로 불리죠. 그래서 거기서는 "The Oscar goes to…"라고 말합니다.

〈2〉 통역은 뉘앙스 전달이 중요!

통역을 할 때는 우리가 쓰는 한글의 표면 아래에 어떤 뉘앙스가 있는지 주의해야 합니다. '생각이 듭니다'를 무턱대고 'think'로 통역한다면 '생각하다'라는 말이 되어 버립니다.

'생각이 든다'는 '생각하다'보다는 주체성과 의도성, 계획성이 떨어지는 말이죠. 가만히 있었는데 생각이 머릿속에 번쩍 스쳤을 때 쓰는 말입니다. 바로 이 뉘앙스를 놓치지 않고 샤론최는 'occur'라는 단어를 아주 적절하게 사용했어요.

occur 사건이 발생하다, 생각이 떠오르다

The idea occurs to me. 그 생각이 떠올랐어.

● 비슷한 표현

happen 우연히, 어쩌다 ~하게 되다.

She happened to be there at the moment. 그녀가 마침 그때 거기 있었어.

I happened to see him on the street. 길에서 우연히 그를 만났어.

〈3〉 겉뜻 통역? 속뜻 통역!

모든 언어에는 각각 단어가 조합된 표면적인 뜻 외에 약속된 뜻 또는 다른 뜻을 지니는 경우가 있습니다. 한글의 경우, '잘하다, 못하다'가 이에 해당되는데요.

"수영을 잘한다"라고 한다면 물에 편안하게 떠 있고, 헤엄치는 자세가 자연스러우며, 속도가 빠르다는 등 '수영이라는 행위를 잘한다'라는 의미가 있습니다. 그런데 한국어에서 "공부를 잘한다"라는 말은 그 의미가 좀 좀 확장되어 '똑똑하다, 성적이 좋다'와 같이 '결과가 좋다'는 의미까지 담고 있어요.

반면, 영어에서 "study well"은 '공부를 짜임새 있게 한다, 효율적으로 한다'는 행위와 그 과정에 대한 의미만을 가집니다. 그래서 "잘한다, 못한다"가 그 상황에서 말하고자 하는 뜻을 정확하게 반영하도록 통역을 하는 것이 중요합니다.

"영화를 잘못 만들지는 않았구나"에서 송강호가 말하고자 했던 바는 (상도 받고 인정을 받으니) '영화의 퀄리티가 나쁘지 않구나, 좋은 영화인가 보다'입니다. 이 말을 한국어 표현에서 겸손하게 말한 것이죠. 이런 겸손함의 의미를 전달하기 위해 샤론최는 "such a bad movie(매우 저질의 영화)"라고 약간의 과장도 넣었고, 거기다가 앞에서 '생각이 든다'의 뉘앙스까지 살려서 통역했습니다. 그랬더니 할리우드 배우들이 웃고 박수치며 고개를 끄덕입니다.

To be honored with the Best Ensemble Award, it occurs to me that maybe we haven't created such a bad movie.

이렇게 앙상블 최고의 상을 받으니까,

"우리가 영화를 잘못 만들지는 않았구나"라는 생각이 듭니다.

● **it occurs to me 구조로 영작하기**

ex) To see my cute nephew growing up, it occurs to me that maybe having a baby is not such a crazy disaster.

귀여운 조카가 커 가는 걸 보니,

"아기를 갖는 게 그렇게 절망적인 일은 아니구나"라는 생각이 듭니다.

(영작) _____, it occurs to me that _____.

" Keep observing people. "
계속 사람들을 관찰하세요.

미국과 영국의 영화제는 매년 11월에서 다음 해 2월 초까지
몰려 있습니다. 그중 샌타바버라 국제영화제에 〈기생충〉 팀
이 참가했는데요. 자유롭게 기자 인터뷰를 하는 프레스룸에
샌타바버라 중학교 학생들이 나와 봉준호 감독과 배우들을
인터뷰했습니다. 귀여운 학생들의 깜직한 질문들이 의외로 놀라웠습니다.

학생들   Hi, I'm Sawyer / I'm Paia. We are from Santabarbara middle
school team press.
(안녕하세요, 저는 소여이고요 / 저는 파이아입니다. 저희는 샌타바버
라 중학교 기자단에서 나왔습니다.)

봉준호   Wonderful!
(멋집니다!)

학생   Please tell us a little bit about the story behind 〈Parasite〉.

How'd[1] it affected you as a person, how would you like it to affect the audience?
(〈기생충〉의 배경에 대해서 조금 얘기해 주세요. 무엇이 감독님께 이런 영향을 끼쳤나요? 이 영화가 관객들에게 어떻게 보이면 좋겠나요?)

봉준호 글쎄요, 부자와 가난한 자가 우리 주변에 많이 있잖아요? 그런 사람들이 독특한 상황에서 만났을 때 어떤 일이 벌어질 수 있나, 그걸 한 번 탐구해 본 영화예요.

샤론최 You know, we have people who are rich and poor around us at all times. And this film explores what happens when unique situations bring those two groups together in our lives.

학생 How do you feel being the first Korean Oscar nominee?[2]
(한국인으로서 최초로 오스카상 후보에 지명됐는데 어떤가요?)

봉준호 영광스럽죠. 전혀 기대했던 건 아닌데, 저나 노미네이션된 사람들 다 되게 흥분 상태죠. I'm very excited.

샤론최 We never anticipated it but it's exciting. All the people who are nominated in the 〈Parasite〉 team are very happy.

학생 Where do your film inspirations come from?
(감독님 영화의 영감은 어디서 오나요?)

봉준호 일상생활에서 와요. 하루 종일 아침에 일어나서 밥 먹고, 밤에 잠들 때까지. 길을 가며 마주친 사람의 눈빛이라던가, 카페에서 옆 사람이 얘기했던 어떤 말, 이런 모든 것들.

샤론최 My daily life. From the moment I wake up to when I eat and go

	to bed, all of them are inspirations. The people I come across on the streets, their eyes, converstions that I hear in coffee shops, they're all sources of inspirations for me.
학생	And if you can give us one homework assignment, what would it be?
샤론최	(웃으며) 숙제를 줄 수 있다면 어떤 숙제를 주실 건지….
봉준호	미국 영화가 아닌 영화들 많이 있잖아요, 자막이 있는? 그런 영화들을 일주일에 하나씩 계속 보세요.
샤론최	There are so many films that are not American films with subtitles. So, watch a subtitle film once a week.
학생	(이정은에게) Do you have any techniques for memorizing lines in acting your character?
통역사	대사를 외우시는 팁이 있다면?
이정은	어…, 상황을 계속 생각하는 것?
통역사	I keep thinking⟨3⟩ about the situation.
학생	If you could give us one homework assignment, what would it be?
통역사	숙제를 하나 내주신다면 그게 뭐가 될까요?
이정은	관찰을 많이 하세요.
통역사	Keep observing people.
학생	Why should we do that?
통역사	왜 그래야 할까요?
이정은	그것(관찰하는 것)이 연기의 어떤 생각들, 다른 사람에 대한 공감을 열어 줄 거니까.
통역사	It opens a door for you to empathize with people around you.

〈1〉 'd 의 활용

had 혹은 would의 축약형으로 다음과 같은 두 가지 기준으로 구분해서 볼 수 있습니다.

- 'd 뒤에 동사의 과거 분사 형태가 왔다면 had PP(과거 완료)
- 'd 뒤에 동사의 원형 형태가 왔다면 would RV(동사 원형)

〈2〉 접미사 er / or / ee 활용하기

nominate는 '(수상자, 후보 등을) 지명하다, 임명하다'는 뜻이며 nominator는 지명자 혹은 추천자이고 nominee는 피지명자입니다. er / or로 끝나는 단어는 '~을 가하는 사람'이며, ee로 끝나는 단어는 '~을 당하는 사람'이라고 외우면 됩니다. 참고로 nom의 어원은 name으로 '이름 짓다, 부르다'입니다.

interviewer 면접관

interviewee 피면접자, 응시자

〈3〉 keep의 기본 사용법

keep이란 단어는 다양하게 사용되는데요. 기본 의미는 '~인 상태를 유지하다, 가두다, 부양하다'입니다. 다음과 같이 사용되죠.

I kept my word. 난 약속을 지켰어.

Keep your pose. 자세를 유지하세요.

I have a family to keep. 난 먹여 살릴 가족이 있어.

keep이 'keep + 동사 ing'의 형태로 사용되는 경우 '(동사의) 상태를 유지하다, 계속해서 ~하다'의 의미입니다. "Keep going!"은 "계속 가!"라는 의미가 되죠.

Do you have any techniques for memorizing lines in acting your character?
캐릭터 연기를 위해 대사를 외우는 테크닉이 있나요?

● 'techniques for B in A' 구문 활용하여 영작하기(A할 때 B하는 기술)
　ex) Do you have any tecniques for saving time in shaving?
　　　면도하는 데 시간을 절약하는 테크닉이 있나요?

(영작) Do you have any techniques for _____ in _____?

03 지미 팰런의 투나이트 쇼 #1
뉘앙스를 제대로 살린 명통역

" *The film is best when you go into it cold.* **"**
스토리를 모르고 가야 영화가 재미있거든요.

〈기생충〉이 세계 3대 영화제 중 하나인 프랑스 칸 영화제에서 최고 상 격인 황금 종려상을 수상하자 미국의 간판 토크쇼인 〈투나이트 쇼〉가 봉준호 감독을 초대했습니다. 〈투나이트 쇼〉는 1954년에 시작된, 미국에서 가장 오래되고 유명한 토크쇼인데요. 한 명의 MC와 중간중간 짧은 음악을 연주하는 밴드로 구성된 전통적인 미국의 토크쇼 형식을 따르고 있습니다. 여기서 봉준호 감독과 샤론최는 영화에 대한 감칠맛 나는 설명과 함께 미국인들에게 확 와닿는 영어 표현으로 많은 관심을 끌었죠.

북미 지역 시상식 시즌을 알리는 이 토크쇼를 시작으로 〈기생충〉과 봉준호 감독, 그리고 샤론최에 대한 미국의 관심은 영화 팬을 넘어 일반인으로까지 확대됐어요.

지미 팰런 I loved the movie 〈Parasite〉. It is one of the best films of the year. You directed it and co-wrote this film. I went in, <u>not knowing</u>(1) what the movie was about, and just heard the buzz that this was great. And I loved it. Because I don't want to spoil anything, it's hard to describe the movie (without spoiling). How do you describe 〈Parasite〉?

(영화 〈기생충〉 정말 좋았습니다. 올해 최고 영화 중 하나예요. 감독과 공동 각본을 동시에 맡았죠. 대단하다는 소문 말고는 영화가 어떤 내용인지도 모르고 극장에 갔습니다. 정말 좋았어요. 스포일링하고 싶지 않은데, 그러면 영화가 왜 좋은지 말하기 힘들어요. 〈기생충〉이란 영화를 어떻게 설명해 주시겠어요?)

봉준호 　뭐, 나도 여기서 되도록 말을 안 하고 싶어요. 스토리를 모르고 가야 재미있거든요.

샤론최 　<u>I'd like to say as little as possible here, because the film is best when you go into it cold</u>.(2)

(관객 웃음)

지미 팰런 　Well, this is a talk show. You have to say something! Haha.

(에이, 여긴 토크쇼인데 뭐라도 말을 해줘야죠! 하하.)

봉준호 　가족 얘기예요. 가난한 가족 아이가 부잣집에 과외하러 가면서 벌어지는 얘기예요.

샤론최 　It's a story about a family. The son goes into a rich house as a tutor and the story unfolds from there.

Words & Phrases

buzz 기계, 별 등의 윙윙거리는 소리
spoil 망치다, 스토리를 미리 말하다
tutor 개인지도 교사
knockout 녹아웃의, 맹렬한, 매혹적인, K.O.(권투에서 기절), 맹렬한 타격
get through 겪다

지미 팰런   Just knockout performance. You just… You feel sad for them, then you laugh, and then they're in trouble. And you go "Oh, Don't. This is bad." I mean seriously, you get through all this. That's just a first kind of half.

(엄청난 영화예요. 그저 영화를 보다 보면 그들이 불쌍하다가도 웃겨요. 그러다 그들이 곤궁에 처하게 되죠. 그러면 "오! 하지 마, 좋지 않아"라고 속으로 외치게 될 겁니다. 딱 이렇게 할 거예요. 이러면 절반 정도 본 거예요.)

봉준호   They're all very human. It's just funny and scary movie.

(그 모두가 너무나 인간적인 모습이죠. 그저 웃기면서 무서운 영화일 뿐입니다.)

(방청객, 지미 팰런 : 인정의 박수와 웃음)

〈1〉'동사 + ing'의 대표적 쓰임 세 가지

1. 현재 진행형

I'm thinking about you. 네 생각 중이야.

2. 본 문장의 동사의 목적어이거나 전치사의 목적어(동명사)

I love playing basketball. 나는 농구하는 걸 좋아해.

I'm thinking about learning Spanish. 스페인어를 공부할까 해.

3. 동시 동작(~하면서, ~인 상태로)

Talking on the phone, she finished her lunch. 그녀는 전화 통화를 하면서 점심 식사를 마쳤다.

지미 팰런의 말은 3번에 해당합니다. 쉼표를 넣어 위치를 자유롭게 바꿀 수도 있습니다.

I went in, not knowing what the movie was about.
=Not knowing what the movie was about, I went in.

〈2〉 샤론최 명문장 "go into it cold"

"I'd like to say as little as possible here, because the film is best when you go into it cold." 저는 이 문장을 샤론최의 통역 중 가장 좋은 표현이라고 꼽고 싶습니다. because로 연결된 앞뒤 문장 모두 원어민이 즐겨 쓰는 표현인데요.

앞 문장 "I'd like to say as little as possible"은 영어를 공부해 왔다면 해석하기 어려운 문장은 아니지만 "여기서는 되도록 말을 안 하고 싶어요"를 영작하라고 하면 대부분 "I don't wanna say if possible"로 표현하기 쉽습니다. 물론 이 문장도 틀리지는 않지만 딱딱한 느낌이 드는 게 아쉽죠. 원어민에게는 'as little as'를 사용한 문장이 더 익숙하게 와닿는 표현입니다. 예를 들어 'bloody red'를 '피처럼 빨간'이라고 번역할 수도 있지만 '시뻘건, 새빨간'이라고 번역하는 것이 우리에게 더 자연스럽게 와닿는 것과 마찬가지입니다.

뒤 문장은 원어민에게 더욱 익숙한 표현이에요 "영화를 모르는 상태에서"를 "If you don't know about the story"가 아닌 "When you go into it cold"라고

통역했습니다. 'go cold(모르는 상태에서 시작하다, 모르는 채로 가다)'라는 생활 숙어를 이용한 겁니다. '시뻘건'처럼 원어민 정서에 맞는 표현으로 옮긴 거죠.

I went in, not knowing what the movie was about.
나는 영화의 스토리를 모르고 갔다.

- ● '동사 + ing'를 이용하여 영작하기(~하면서, ~인 상태로 ~하다)

    ex) I started business, not knowing how hard it was.
    얼마나 힘들지 모른 채로(모르기 때문에), 사업을 시작했습니다.

(영작) _____ , _____ing _____.

I'd like to say as little as possible here.
여기서는 되도록 말을 안 하고 싶어요.

- ● as A as possible을 활용하여 영작하기(가능한 한 A하게)

    ex) I'd like to stay here as short as possible.
    가능한 한 빨리 떠나고 싶어요.

(영작) I'd like to _____ as ____ as possible.

> **" But applause never stopped**
> **so finally I said, 'Let's go home!'"**

박수갈채가 멈추질 않았어요. 그래서 제가 "집에들 갑시다"라고 했죠.

이번 스크립트에서는 지미 팰런이 칸 영화제에서 있었던 일에 대해 이야기합니다. 〈기생충〉이 영화제에서 가장 중요한 시간에 상영되었고, 전 관객의 기립 박수가 이어지자 봉준호 감독이 한마디합니다. 무엇이었을까요?

지미 팰런　〈Parasite〉 won the grand prize, the Palme d'Or at the Cannes Film Festival. It was the first Korean film to receive the award. And you were the first Korean director to win the award. Congratulations on that! Here's <u>what</u> ⑴ made me laugh. I read that it got an eight-minute standing ovation for the film. Eight minutes of people clapping. And then you got up and <u>all</u> ⑵ you said was, "Thank you. Let's all go home." What happened? what, why?

〈〈기생충〉은 칸 영화제에서 최고상인 황금 종려상을 수상했습니다. 그

상을 받은 최초의 한국 영화가 되었는데요. 감독님은 그 상을 탄 최초의 한국인 감독이고요. 축하드립니다! 웃긴 게 있었는데요. 영화 상영 후 8분 동안 기립 박수를 받았다고 기사에서 읽었어요. 8분 동안 박수를 쳤단 말이죠. 그러자 감독님이 일어나서 말한 게 "감사합니다. 모두 집에 갑시다"가 전부죠. 무슨 일이에요, 왜 저렇게 말한 거죠?)

봉준호 Because, acually the screening was (at) very late night. It was almost mid-night. (왜냐하면, 사실 상영이 매우 늦은 밤에 진행되었어요. 거의 자정이었죠.) 기립박수가 되게 길게 이어지는데, 저랑 배우들이 다 되게 배가 고팠어요. 저녁을 제대로 못 먹어가지고.

샤론최 So, the standing ovation lasted very long but the actors and I were very hungry because we couldn't eat dinner.

봉준호 "너무 배고파"라고 한 게 자막으로 들어가서 나왔어요.

샤론최 We were all saying to each other "We're so hungry." And they ended up subtitling it in the video <u>that was later published.</u>⁽³⁾

봉준호 But applause never stopped so finally I said, "Let's go home!" (그런데 박수갈채가 멈추질 않았어요. 그래서 제가 결국 "집에들 갑시다"라고 했죠.)

〈1〉, 〈2〉 What, all의 관계 대명사적 쓰임

지미 팰런이 칸 영화제 이야기를 꺼내면서 "Here's <u>what</u> made me laugh(웃긴게 있었는데요)"라고 얘기하죠. 이 문장에서 what은 '무엇'이 아니라 '~하는 것'이라고 해석하면 됩니다. 원리를 좀 더 풀어 보자면, what은 the thing that으로 바꿔 쓸 수 있어요. 그래서 "Here's <u>the thing that</u> made me laugh"이고 이 문장은 "Here is <u>the thing</u>. <u>The thing</u> made me laugh"에서 출발한 것이죠. 이 두 문장을 간편하게 한 문장으로 합칠 때 what을 쓴 거예요. 지미 팰런이 말한 다음 문장에도 what의 관계 대명사 쓰임이 숨어 있는데요!

Words & Phrases
grand 장엄한, 총괄적인, 주요한
ovation (열렬한) 박수
standing ovation 기립박수
end up 동사ing 결국 ~하게 되다
subtitle 자막, 자막을 달다
applause 박수갈채, 환호
applaud 박수를 치다, 갈채를 보내다

All (what) you said was "Thank you. Let's all go home."
감독님이 한 말이 "감사합니다. 모두 집에 갑시다"가 전부죠.

영어에서 all what이 있다면 이렇게 생략해서 all로 쓸 수 있어요. 이 문장을 풀어 쓰면 'All the thing that you said was 〈Thank you. Let's all go home〉'이고, 이것은 'All the thing was 〈Thank you. Let's all go home〉(〈감사합니다. 모두 집에 갑시다〉가 모든 것이었다)'와 'the thing that you said(당신이 말한 것)' 두 문장이 합쳐진 것입니다.

참고로, 유명한 크리스마스 캐롤인 머라이어 케리의 "All I want for christmas is you(크리스마스 때 바라는 모든 건 너야)"도 같은 구조입니다. 'All the thing is you(모든 건 너야)'와 'The thing that I want for Christmas(내가 크리스마스 때 원하는 것)'가 합쳐졌습니다.

〈3〉 주격 관계 대명사 That

They ended up subtitling it in the <u>video that</u> was later published.
나중에 나온 방송에 결국 자막으로 나오게 됐죠.

여기서 that은 관계 대명사로 바로 앞의 video를 설명한 거예요. "that was later published"를 뒤에 붙여 줌으로써 video란 단어에 '나중에 나온'의 의미가 더해졌습니다.

이것을 분해해서 보면 'They ended up subtitling it in the video(그들은 결국 방송에 자막으로 내보냈죠)'와 'The video was later published(그 방송은 나중에 나왔죠)' 두 문장이 that을 이용해서 합쳐진 것을 알 수 있어요.

이 문장에서 the video가 주어 역할을 하기 때문에 바뀐 문장에서 that은 주격 역할을 합니다. 그래서 주격 관계 대명사 that이라고 합니다.

영어로 말하는 데 다섯 단어 내외의 기본 5형식 문장에 익숙해지면 그다음 which, that, what의 관계 대명사를 통해 한 단계 더 성장할 수 있어요. 이것들을 이용해서 한 문장 안에 두 문장 이상의 풍성한 의미를 담을 수 있게 되죠!

Mac's Pick

**They ended up subtitling it in the video
that was later published.**
나중에 나온 방송에 결국 자막으로 나오게 됐죠.

● **주격 관계 대명사 that을 넣어 영작하기**

ex) I loved a girl that was my friend's sister.
나는 내 친구의 여동생을 좋아했다.

(영작) _____ that _____.

" *Oh my goodness, so is this the beginning*
of a social revolution in South Korea? *"*

세상에나, 그러니까 이게 한국에서 사회 혁명의
시작이라고 봐도 될까요?

샌타바버라 국제 영화제에서는 영화인(감독, 제작자, 배우)
과 기자가 자유롭게 오가며 인터뷰를 할 수 있는 인터뷰 존
이 있습니다. 거기서 미국의 노련한 기자의 함정 질문이 있
었는데요. 여기서 봉준호 감독과 샤론최가 아주 침착하게 답
변하는 모습을 보면 감탄하지 않을 수 없습니다.

기자　　You sutdied socialogy before you start making films. It is very clear
to me that your education has enriched[1] your entire filmmaking
career. Because you're speaking to us about social issues,
sociology in a sense[2] and mainly status-anxiety. Would you say
that somewhat accurate?

(영화 만들기 전에 사회학을 공부했잖아요. 저는 감독님이 공부한 게
영화 내용에 녹아들었다고 확신하는데요. 왜냐하면 영화는 한편으로

는 사회 이슈들, 그리고 주로 계급 불안감(저항)에 대해서 이야기하잖
아요. 약간 맞는 말 같나요?)

봉준호 불안과 공포에 대해서 많이 다룬 게 사실이에요. 이 영화 〈Parasite〉는
사실 그 부분이 크죠. 미래에도 사회나 계급의 격차가 과연 좋아질 것
인가라는, 저 자신의 불안감이 있어요. 아들을 키우는 사람의 입장으
로서. 그것을 많이 표현하려고 했죠

샤론최 So, it is true that 〈Parasite〉 has a lot about fear and anxiety,
particularly the fear that[3] things won't improve for the next
generation. That's a big fear that I have as someone who has a
son.

기자 Oh my goodness. So is this a… is this the beginning of a social
revolution in Korea, South Korea shall I say? That we are going
to see the youth of this country shifts some really major all
themes? Can we say that?

(세상에나. 그래서… 이게 한국에서 사회 혁명의 시작이라고 봐도 될
까요? 이 나라의 젊은이들이 모든 것들을 바꿔 버리는 일이 생길 거라
는?)

(샤론최 놀람, 봉준호 감독 심호흡 후)

봉준호 혁명, 혁명으로부터 점점 거리가 멀어지는 거 같아, 세상이. 혁명 시대
가 많이 지나가고, 혁명이란 것은 뭔가 부숴뜨려야 할 대상이 있어야
되는 것인데 그게 뭔지, 혁명을 통해 깨뜨려야 되는 게 뭔지 파악하기
가 힘들고 복잡한 세상이 되고 있는 것 같아요. 그런 복잡한 상황을 표
현하는 거 같아요, 〈Parasite〉는 오히려.

샤론최 I think the world is actually going further away from revolution. You know, because revolution means that you have a target to fight against something that you identify as a target to destroy. But we now live in a very complicated world where it's impossible to discern our opponent and I think that's the complexity that 〈Parasite〉 is about.

봉준호 명확한 악인이 없는데도 영화에서 보면 되게 무서운 비극이 터지잖아요. 그래서 "도대체 왜 그런 걸까… 악한 의도를 가진 사람은 없었는데" 그 질문 자체가 영화가 주려고 하는 메시지인 거 같아요.

샤론최 Despite not having any villains, the film ends with this horrific tragedy. And I think then you can ask the question of "Why, why does that happen when none of these people have any malicious intent?" And I think that question itself is the message of this film.

Words & Phrases

social 사회적인, 사교적인
socialogy 사회학
socialism 사회주의
capitalism 자본주의
in a sense 어떤 뜻으로는, 어느 정도는
sense 감각, 관념, 가치
status 신분, 지위
anxiety 불안, 열망, 갈망
enrich 풍요롭게 하다, (영양소, 내용을) 농후하게 하다
somewhat 다소, 약간
accurate 정확한
shift 옮기다, 바꾸다
theme 주제
further 더, 더 멀리
discern 알아차리다, 분별하다
complexity 복잡성
despite ~에도 불구하고(=in spite of)
villain (이야기의) 악당, 범죄자
end with ~로 끝나다
horrific 끔찍한
tragedy 비극
malicious 악의적인, 악의에 찬
intent 의도

| 기자 | What a great answer. That's a wonderful answer. Thank you! |
| | 굉장한 답변입니다. 대단하네요. 감사합니다! |

〈1〉 접두사 en 활용하기

단어의 시작이 en으로 되어서 뒤의 다른 어근과 합쳐지면 '~하게 만들다, ~한 속성을 부여하다'라는 의미가 생깁니다.

- rich 부유한, 비옥한, 영양이 풍부한

  enrich 풍요롭게 하다, (영양소, 내용을) 농후하게 하다
- able 가능한, ~할 능력이 되는

  enabe ~을 할 수 있게 하다, 가능하게 하다
- title 제목

  entitle 제목을 붙이다, 자격을 주다
- circle 원

  encircle 둘러싸다, 맴돌다

encircle을 활용한 예문을 보면 아래와 같습니다.

An ancient city encircled with walls. 성벽으로 둘러싸인 고대 도시.

The moon encircles the earth. 달은 지구 주위를 돈다.

〈2〉 한국어에는 없는 관사 a의 개념

영어는 관사 a와 the를 정확히 써야 하는 것이 한국어와는 다른 특징이죠. 그 냥 단어의 수량에만 맞추는 것이 아니라 좀 더 깊은 뜻이 숨어 있습니다. 이걸 이해하면 in a sense 같은 관용어구를 따로 외울 필요 없이 이해할 수 있어요.

'a banana'라고 한다면 '세상의 여러 바나나 중 하나의 바나나'라는 의미입니다. '아무 바나나 하나'라고 이해해도 좋아요. 반면, '어제 산 그 바나나'라고 표현할 때는 a를 쓸 수 없죠. 이것은 아무거나가 아닌 '특정성'을 띄게 되니까요. 'sense'는 관념, 가치라는 의미가 있고 세상에는 여러 가지 정치적 관점, 사회적 관점, 경제적 관점 등이 존재하죠. '그중 어떤 하나의 관점에서'라는 뜻으로 'in a sense'를 사용할 수 있습니다. 그래서 그 의미가 '어떻게 보면, 어느 정도는'이 되는 거죠.

〈3〉 목적격 관계 대명사 that

자, 다시 관계대명사 that입니다. "저 자신의 불안감이 있어요. 아들을 키우는 사람의 입장으로서"라고 봉준호 감독이 말했는데 그걸 샤론최는 "That's a big fear that I have as someone who has a son"이라고 통역했어요.

봉준호 감독이 두 문장으로 말했는데 이걸 관계 대명사 that을 이용해 한 문장으로 합쳐, "That's a big fear~"로 시작하면서 그 전 문장과도 자연스레 이어지는 구조로 만들었죠. 이 문장을 분해하면 "That's a big fear. I have the fear as someone who has a son"이라는 두 문장이 되는데요. 여기서 fear가 that으로 바뀌면서 합쳐진 것입니다. 여기서 fear는 have 동사의 목적어죠.

그렇기 때문에 that이 여기서는 목적격 관계 대명사로 쓰였습니다. 추가로, 목적격 관계 대명사 that은 생략도 가능하다는 것, 기억해 주세요.

That's a big fear (that) I have as someone who has a son.

그게 아들 가진 사람으로서 제가 가진 큰 불안감이죠.

● **목적격 관계 대명사 that을 활용하여 영작하기**

ex) This is the car (that) I bought last year.

이게 내가 작년에 산 차다.

(영작) _____ that _____.

❝ *The deeper you delve into an individual, the more you come to see about society and the times.* ❞

개인을 탐구할수록, 점점 더 사회를 많이 보게 된다.

이번 인터뷰는 봉준호 감독의 영화가 왜 사회·정치적 요소를 담았는지에 대한 대답입니다. 한국어의 중의적 표현과 복잡한 설명, 비유가 어우러지는 봉준호 감독의 말을 샤론최가 어떻게 효과적으로 통역하는지 읽어 보시죠.

봉준호 뭐 정치, 사회적인 메시지를 꼭 넣으려고 처음부터 그 깃발을 들고 휘두르는 그러는 건 아닌데.

샤론최 So, I never <u>intend to</u>⟨1⟩ pour sociopolitical messages into my film. It's not as if I wanna wave that political flag in front of everyone.

봉준호 나 자신을 장르 영화감독이라고 생각하고, 영화가 보여지는 2시간 동안 관객들을 제압하고 싶어요. (영화감독) 히치콕이 늘 그랬던 것처럼. 그게 가장 저의 1차적인 목표이기는 한데요.

샤론최   I always consider myself a genre filmmaker and I always want to overwhelm the audience throughout the entire running time of the film like Hitchcock did. That is my primary goal as a filmmaker.

봉준호   그렇지만 그렇게 관객들을 빨아들이기 위해선 어쩔 수 없이 인간에 대한 이해나 접근이 있어야 되고, 인간을 이렇게 한 명 한 명 파고들어 가다 보면 어쩔 수 없이 그 인간이 속한 사회나 시대가 나오는 것 같아요. 그래서 자연스럽게 시대나 정치로 확장될 수밖에 없는 것 같아요. 처음에 그것을 목표로 안 했더라도.

샤론최   But in order to captivate the audience, you really do need to take a specific approach and understanding to the human condition. And I think that the deeper⟨2⟩ you delve into an individual, the more you come to⟨3⟩ see about society and the times that these individuals are surrounded by. So I think in that sense, the film just naturally expands to containing the sociopolitical messages, even if that was never my goal in the first place.

봉준호   일단 보는 2시간 동안 관객들이 재밌게 보기를 바라요. 웃고 떠들고, 무서워하고 하면서. 그러고 집에 가서 그냥 두 시간 재밌게 보고 집에 갔는데 씻으려고 옷을 벗다 보면, (몸에) 이렇게 베인 상처가 있는거

Words & Phrases

intend 의도하다

pour (액체, 사상 등을) 퍼붓다, 쏟아지다

genre movie 장르 영화(공포, 멜로 등 장르별 형식을 따르는 영화)

overwhelm 압도하다

primary 주요한, 제1의

filmmaker 영화 제작자, 감독

captivate ~의 마음을 사로잡다

approach 접근

delve 조사하다, 탐구하다

surround 둘러싸다, 포위하다

contain 포함하다, 억제하다

amongst = among ~에 둘러싸여, ~ 중에서

bleed 피흘리다

wound 상처(를 입히다)

조. "이게 언제 내가 베였지?" 피도 막 나 있고. 그런 느낌의… 관객이 그런 상태가 되기를 바라는거죠.

샤론최   I want my audience to really be entertained throughout watching the film. I want them to laugh, be scared and talk amongst themselves. But after enjoying the film and laughing, they go home and take off their clothes to take a shower. And they find bleeding wounds on their body and they don't even know where these wounds came from. That's the experience that I want to create for my audience.

(관객의 웃음과 박수)

〈1〉 말의 뜻을 명확히 분석하여 통역

봉준호 감독이 "메시지를 넣으려고 ~ 그러는 건 아닌데"라고 했어요. "그러는 건 아니다"라는 모호한 말을 그대로 통역하면 안 되고, 그 속뜻을 정확히 파악하고 전달해야 합니다. 이것은 '~하려는 건 아니다' 즉, '의도하는 건 아니다'로 명확히 볼 수 있죠. 봉준호 감독이 말하고자 하는 의미를 간파한 샤론최가 "I never intend to"라고 정확히 통역했습니다.

〈2〉 문장 전체 뉘앙스를 놓치지 않는 통역(the 비교급)

봉준호 감독의 "한 명 한 명 파고든다"라늘 말을 단어 그대로 통역할 수도 있습니다 (delve one by one). 그러나 봉준호 감독이 이 문장에서 하고자 했던 말의 취지는 개인 한 명 한 명을 탐구하다 보면 그것이 '점점 더' 커져서 사회와 시대에 대한 논의로 확장된다는 의미입니다.

단어 하나에 집착하는 실수를 하지 않도록 주의해서 '점점 더' 확장된다는 의미를 확실히 전달해야만 합니다. 샤론최는 그 뜻을 정확히 이해하고는 가장 효과적으로 표현할 수 있는 'the 비교급 + the 비교급'을 사용하여 통역했습니다. 'A할수록 점점 더 B하게 된다'를 사용한 것이죠.

"The deeper you delve into an individual, the more you come to see about society(개인을 탐구할수록 점점 더 사회를 많이 보게 된다)"라고 원어민에게 익숙한 표현으로 통역했습니다.

〈3〉 한국적 표현 인지하기(come to 동사)

한국어 표현 중에는 우리에게 너무나 익숙해서 영어로 직역하면 위험한 것이 많은데요, 봉준호 감독이 "사회나 시대가 나오게 된다"라고 한 부분이 대표적입니다.

우리가 길을 설명할 때, "이길을 따라 가면 큰 병원이 나온다"라고 말을 하죠. 그런데 이 말은 병원이 움직여서 온 게 아니라, 우리 시야에 들어오는 것을 이렇게 표현한 겁니다. 여기서는 come이란 단어를 쓰면 안 됩니다. 왜냐하면 영어에서 come은 말 그대로 주어가 움직여서 온 것이거든요.

예를 들어, "The digital era is coming(디지털 시대가 온다)"라는 문장은 우리는 가만히 있고, 시대가 바뀌어서 온 것을 의미합니다. 샤론최 역시 이 부분에 대한 주의를 놓치지 않고 "you come to see about society and the times(당신은 사회와 시대를 보게 된다 = 사회와 시대가 온다"라고 사실 관계를 명확히 표현했어요.

The deeper you delve into an individual, the more you come
to see about society and the times.
개인을 탐구할수록 점점 더 사회를 많이 보게 된다.

● 'the 비교급 주어 동사, the 비교급 주어 동사' 활용하여 영작하기

ex) The later you go to sleep, the more tired you will be tomorrow.
늦게 잘수록 내일 더 피곤할거야.

(영작) The _____,　the _____.

> **" *I honestly thought he was giving me the role of Mr. Park* "**
> *제가 박 사장 역할인 줄 알았어요.*

이번 스크립트는 송강호의 개그 1탄이에요. 여러 시사회, 인터뷰에서 〈기생충〉뿐 아니라 봉준호 감독과 했던 여러 작품들을 이야기하면서 특유의 즐거운 화법을 보여 주는데요. 더재미있는 건 샤론최가 이 말들을 영어로 잘 살려 주는 효과적인 통역을 했다는 사실이죠.

송강호   저는 처음에 감독님께서 〈기생충〉이란 시나리오를 줬을때, 제가 박사장(부자, 이선균 역) 역할인 줄 알았어요. 외모나, 풍모 그리고 연륜 이런 걸 전체적으로 봤을 때…. 근데 제가 그 반지하 방으로 갈 줄은 꿈에도 생각을 못했죠.

샤론최   So when director Bong first handed me the script for 〈Parasite〉, I honestly thought he was giving me the role of Mr. Park, considering my elegance and my maturity. I never dreamed that he would put me in that semi-basement home.

(관객 웃음)

사회자   Director Bong, I understand that you first saw him when he was starring at Lee Chang-dong's 〈Green Fish〉. What were the qualities, what was it about his appearance and presence on screen that attracted you to him? Because you've collaborated with him a lot since.

(봉 감독님, 송강호 씨가 이창동 감독님의 〈초록 물고기〉에 출연했을 때 처음 봤다고 알고 있어요. 송강호 씨의 어떤 부분에 이끌리게 되었나요? 그 이후에 꽤 많은 작품을 함께했는데요.)

봉준호   이창동 감독님 〈초록 물고기〉가 1997년도 영화죠. 22년 전 영화인데. 저뿐 아니라 사람들이 다 충격을 받았죠. 조폭 역할로 나오셨는데, 심지어 그때 업계에, 실제 조폭을 캐스팅했다는 설까지 나돌았어요. 너무 사실적인 연기를 하셔가지고.

샤론최   So, 〈Green Fish〉 by Lee Chang-dong came out in 1997, it was already 22 years ago, and people were so shocked by his performances. He played a gangster in that film and within the industry a rumor[1] went around that they actually cast a real gangster for that role 'cause[2] he was so realistic.

송강호   근데 여러분들이 좀 오해를 안 하셨으면 하는 게, 저뿐만이 아니라 여기 나오는, 한국 남자들이 다 저렇게 생겼나라고 생각하시면 큰 오산입니다. 굉장히 잘생긴 배우들이 너무 많은데 저희들이 조금 이상하게 생긴…. 오해를 안 했으면 좋겠고, 예를 들면, 한국에 주드 로가 한

　　　　　50명? 브래드 피트가 한 50명. 항상 대기하고 있다고 생각하시면 됩니다.

샤론최　　But with ⟨Parasite⟩, I hope you guys don't misunderstand something. You know, I hope you guys don't watch this movie and assume that all Korean actors look that way. For some reason this film features very strangely-looking Korean actors but that's just a huge misunderstanding. In Korea we have 50 Jude Laws, 50 Brad Pitts, always waiting to be on screen.

(관객 웃음)

사회자　　You(봉 감독을 가리키며) say you don't like rehearsals and you say you are very precise in terms of storyboarding. So I'm wondering if these feel⁽³⁾ constraining for actors. (송강호를 가리키며) You've worked with director Bong for four films.
　　　　　(봉 감독님은 촬영 전 리허설을 하지 않고 스토리보드를 매우 세심하게 다룬다고 했는데요. 봉준호 감독의 디테일이 배우들을 구속한다고 생각하진 않았는지 궁금합니다. 송강호 씨는 봉준호 감독과 작품 네 개를 함께 했는데요.)

송강호　　전혀 그런 느낌은 없었고, 20년 동안 작업하면서, 봉준호 감독이 늘 유머스럽고 그리고 연기를 굉장히 잘해요. 그래서 실제로 저희에게 연기를 보여 주면 그걸 배우들이 따라 하는…, 따라 했기 때문에 좋은 연기가 나오지 않았나 생각이 듭니다.

샤론최　　So director Bong's process is not restricting at all. During the past 20 years, director Bong has always maintained his sense of humor, and more importantly! he's an incredibly great actor. So he would demonstrate the performances for the actors and that's why we were so good.

(관객 웃음)

Words & Phrases

hand 손, 건네주다
script 대본
elegance 우아함, 고상함
maturity 성숙함
collaborate 협력하다
constrain 강요하다, 제한하다
restrict 제한하다, 통제하다
atmosphere 대기, 분위기
consistent 한결같은, 일치하는
over years 수년에 걸쳐

봉준호　It's total lie. I never act in front of actors.
(완전 거짓말입니다. 저는 배우들 앞에서 절대 연기하지 않아요.)

송강호　20년간 봉준호 감독의 변천사를 보면, 항상 유머스럽고, 분위기 메이커고, 또 무섭지 않고, 늘 일관되는 이런 느낌이 참 좋은 것 같고. 달라진 점이 있다면 20년 전보다 점점 더 몸이 불어나가지고, 다음에 다섯 번째 영화를 하면 몸이 터져 버리지 않을까 하는… 그런 걱정이 좀 되긴 하는데…. 히히.

샤론최　So the past 20 years, director Bong has always maintained his humor. He always makes everything light, and he leads the mood and atmosphere. He's been very consistent being a great collaborator, and that's been great. The only thing that has changed with director Bong[4] is that he's gained weight over the years and so I'm very concerned that by our 5th project together, he'll explode.

봉준호　I agree.
(동의합니다.)

Zoom Up!

〈1〉 rumor, rumour 미국, 영국 영어 스펠링 차이

미국 영어와 영국 영어는 비슷한 발음이라도 표기법에 차이가 있어요. 전체적으로 미국 영어가 간결하고 발음에 가까운 표기로 따라가는 경향이에요. 한국과 북한의 표기법 차이가 연상되기도 합니다. 흔히 쓰이는 것만 정리하면 아래와 같아요.

- ~or, ~our
  rumor / rumour(영) 소문
  color / colour(영) 색깔
  labor / labour(영) 노동
- ~ize, ~ization ~ise, ~isation
  realize / realise(영) 깨닫다
  industrialize / industrialise(영) 산업화하다
- ~er, ~re
  center / centre(영) 센터
  theater / theatre(영) 영화관
- ~ense, ~ence
  defense / defence(영) 방어
  license / lincence(영) 자격증

〈2〉 'cause 사용 주의, 아포스트로피(')의 의외의 쓰임새

because(왜냐하면)를 회화에서 편하게 말하기 위해서 cuz로 발음하곤 하죠. 이

걸 쓸 때는 cuz 혹은 'cause라고 써요. 아포스트로피(')없이 그냥 cause(원인,
초래하다)만 쓰면 전혀 다른 뜻이 되는 걸 주의하시고요! 이렇듯 아포스트로피
는 소유격의 의미 외에 다른 쓰임새가 있는데요, 알아볼까요?

- because의 축약형: because → 'casue
- 연도의 축약형: 2004 → '04, 1990 → '90
- 알파벳의 복수를 의미 할 때: P들 = P's
  There are 2 p's in apple.

〈3〉 feel ~를 느끼다, ~하게 느껴지다

감각 동사(feel, sound, taste, smell, look)는 주어가 목적어를 느끼는 것과 주어
(사물)가 다른 이들에게 느껴지는 것 두 가지 모두 쓰입니다. 각각의 경우 느끼
는 주체와 피사물이 반대이니까 주의하세요!

- feel ~을 느끼다, ~하게 느껴지다
  I felt his anger. 그가 화난 게 느껴졌어.
  This blanket feels so good. 이 이불은 참 느낌이 좋아.
- smell 냄새를 맡다, ~한 냄새가 나다
  I smelled 김치찌개. 김치찌개 냄새를 맡았다.
  It smells bad. 안 좋은 냄새가 난다.
- taste 맛을 보다, ~한 맛이 나다
  She tasted it. 그녀가 맛을 봤다.
  It tastes good! 맛이 좋다!

⟨4⟩ 영어는 구조어, 구조적으로 강조하기

한국어는 토씨어, 영어는 구조어입니다. 다시 말하면, 한국어는 은/는/이/가/도/까지/라도 등 토씨를 붙여서 단어의 목적과 의도, 뉘앙스까지 표현하는 반면, 영어는 중요도에 따른 위치 배열과 단어 선택이 크게 중요합니다.

이 문장에서 샤론최는 송강호의 개그를 좀 더 살리기 위해서 살이 쪘다는 점을 강조하는 효과적인 배열을 넣었죠. "달라진 점이 있다면 20년 전보다 점점 더 몸이 불어나가지고"를 일반적으로 통역했다면 "If there is a change, he gained weight more than 20 years ago"라고 했을 겁니다. 그러나 "The only thing that has changed(유일하게 바뀐 게 있다면)"으로 '살이 쪘다'는 것에 의미를 집중시키는 문장으로 통역했습니다.

Mac's Pick

I honestly thought he was giving me the role of Mr. Park,
considering my elegance and my maturity.
제가 박 사장 역할인 줄 알았어요,
외모나, 풍모 그리고 연륜 이런 걸 전체적으로 봤을 때….

● **현재 분사 considering을 넣어 영작하기**
Domestic travel was the best option, considering everyone's schedule.
모든 이들의 일정을 고려했을 때 국내 여행이 최선의 선택이었다.

（영작）_____,

considering _____.

" If I get another script with rain or water, I'm not going to accept it. "

다시는 비가 내리는 영화 시나리오를 받으면 절대 출연하지 말아야지.

송강호의 개그 2탄이에요. 여러 인터뷰 중에서 송강호의 재치 있는 답변만을 추렸습니다. 송강호의 개그를 샤론최가 어떻게 맛깔나게 통역하는지 보시죠.

사회자   Speaking of waterfall, I mean the rain, the flood, what was it like, Song for you, filming that scene?

(비, 홍수 얘기가 나와서 말인데, 그 장면 찍을 때 어땠나요?)

송강호   영화를 다 촬영하고 나서는 "다시는 이제 비가 내리는 영화 시나리오를 받으면 절대… 절대 출연하지 말아야지. '계단이 나온다'고 하면 읽다가도 덮어 버려야지"라는 생각을 제일 많이 했죠.

샤론최   So, all I can say that is if I get another script with rain or water, I'm not going to accept it. If it has staircases, I'm not even gonna finish reading it.

(출연진, 방청객 웃음)

사회자　It is absolutely difficult to <u>predict</u>.⟨1⟩ I mean, for a <u>few</u>⟨2⟩ reasons, like throughout the course of the film, there're so many, you know, "What the fu**!?" moments. Song, when you read the screen play for the first time, what did you think?
(이 영화는 정말이지 예측하기 힘들어요. 이유들이 있겠지만, 알잖아요, 영화 내내 "미친, 뭐야?" 하는 순간들이 나오죠. 송강호 씨, 대본을 처음 읽었을 때 무슨 생각을 했나요?)

송강호　누가 주인공일까? 이런 생각을 제가 제일 많이 했어요. (최우식 사진을 가리키며) 그래서 저 돌을 들고 있는 아들놈이 아주 근소한 차이로 저보다 분량이 조금 많은데, 자기가 주인공이라고, 막 떠들고 돌아다니고 있는데, 영화 보셔서 아시겠지만, 누가 주인공입니까? 제가 주인공 맞죠?

샤론최　The thought that I had the most is "Who is the main protagonist?" So, my son, who's holding up the rock over there, has a little bit more screen time than I do in the film. So, he's been going around saying that he's the main character, main protagonist. But you've all seen the film, who is the main protagonist? It's him. (관객을 보며 말한 샤론최, 그래서 him이라고 말함.)

사회자　Song, the actors played in your family, did you have time with them to prep to find a rhythm and chemistry?
(송강호 씨, 영화에서 가족으로 나왔던 배우들과 미리 친해질 시간을 가졌었나요?)

송강호　거의 다 처음…, 잘 알고 있는 훌륭한 배우들이었지만, 작업은 처음 하지 않았나. 그래서 처음에는 좀 서먹서먹한 분위기가 있었는데, 자연스럽게 매일 밤 이렇게 같이 모여서 한잔들 하다 보니까 아주 친하게 지내게 된 것 같아요. 그래서 그 힘은 술이구나… 생각을 합니다.

Words & Phrases

Predict 예측하다

Protagonist 주인공

Prep 예습(하다)

Prepare 준비하다

Rhythm 리듬

Chemistry 화학, 화학반응

(사람사이의 조화, 케미)

샤론최 I was very familiar with all their amazing work, but it was my first time working with most of those actors. So, in the beginning, things were a little awkward but natrually, every night we gathered to drink. Thanks to that, naturally we were able to develop the relationship. So the strength of our chemistry comes from the alcohol.

사회자 As it does around the world.

(전 세계가 다 그런가 봐요.)

〈1〉 predict 어근 분석하기

● pre : 미리, 앞에

prevent 예방하다(vent 오다) / precede 앞서다(cede 가다) / prejudice 편견
(jud, judge 판단) / premature 이른, 조숙한(matuer 성숙한)

● dict : 말

diction 말씨, 용어 / dictator 독재자 / contradict 반박하다(contra- 대항하여) / malediction 악담(male- 나쁜)

〈2〉 few와 little 구별하기

a few 약간의, 조금 있는 (셀 수 있는 명사 수식)

a little 약간의, 조금 있는 (셀 수 없는 명사 수식)

few 거의 없는 (셀 수 있는 명사 수식)

little 거의 없는 (셀 수 없는 명사 수식)

I've got a few apples, so I can make some apple jam!

사과를 약간 구했으니 사과 잼을 만들 수 있어!

There is little time for that. 그거 할 시간 없어.

Can you speak English? / A little. 영어 할 수 있어요? / 조금요.

Mac's Pick

The thought that I had the most is
"Who is the main protagonist?"
내가 가장 많이 한 생각은 "누가 주인공일까?"였다.

● **The thought that I had the most is 넣어 영작하기**

ex) The thought that I had the most today is "What do I have for dinner tonight?" 내가 오늘 가장 많이 한 생각은 "오늘 저녁 뭐 먹지?"였다.

(영작) The thought that I had the most is

"_____?"

09 골든 글로브 시상식 인터뷰
'1인치 자막 장벽' 그리고 봉준호 감독의 인사이트

> ## "Once you overcome
> ## the one-inch tall barrier of subtitles… "
> ### *1인치 자막의 장벽을 뛰어넘으면…*

이번 스크립트는 봉준호 감독의 가장 대표적인 수상 소감과 샤론최의 깔끔한 통역입니다. 골든 글로브의 '1인치 자막 장벽'을 수상 소감을 시작으로, 골든 글로브 시상식 시즌에 있었던 인터뷰들을 추려서 〈기생충〉과 영화에 대한 이해를 넓힐 수 있는 스크립트를 모았습니다.

● 미국 골든 글로브 수상 소감 (감독상, 외국어영화상)

봉준호 자막, subtitle(자막)의 장벽을, 장벽도 아니죠. 한 1인치 정도 되는 그 장벽을 뛰어넘으면, 여러분들이 훨씬 더 많은 영화를 즐길 수 있습니다.

샤론최 <u>Once</u>[1] you overcome the one-inch tall barrier of subtitles, you'll be introduced to so many more amazing films.

● 골든 글로브 시상식 후 공식 인터뷰

기자 I'm sure you couldn't have expected the kind of acceptance that you had in America from film critics,[2] very knowledgeable people and lovers of film. How's it affected you that America has falling in love with your film?

(미국에서 영화를 좋아하고 똑똑한 전문가들인 비평가들에게서 인정받는 것을 상상하지 못했을 거라 생각합니다. 미국이 당신의 영화를 좋아하게 된 것에 대해 어떻게 생각하나요?)

봉준호 10월에 개봉하고 박스 오피스에서 되게 좋은 결과가 있었고(소규모 영화 스크린 개봉 후 반응이 좋아 미국 전역 2천여 개 관에서 확대 상영) 사람들이 뜨거운 반응을 보여 줘서 그게 놀라우면서도 어떻게 보면 당연하다는 생각이 들기도 했는데요. (왜냐하면) 이 영화가 가난한 자와 부자, 자본주의에 관한 얘기인데, 미국이야말로 자본주의의 심장 같은 나라니까, 논쟁적이고 뜨거운 반응이 있을 수밖에 없겠다는 생각이 들었어요.

샤론최 So, the film was released in the US in October and had great box office results. I was very surprised but at the same time I thought it was very inevitable.[3] Because this film is about the rich and poor, essentially about capitalism, and the US is the heart of capitalism. So I thought it was natural to gain such an explosive response.

● 골든 글로브 수상 후보 감독 좌담회

Words & Phrases

overcome 극복하다
barrier 장벽, 장애물
acceptance 받아들이기, 승인, 허가
accpet 받아들이다
critic 비평가
release 풀어주다, 개봉,발간하다
inevitable 당연한, 피할 수 없는
essential 필수적인, 본질적인
essentially 근본적으로, 본질적으로
essence 본질, 정수, 진액
in fact 실제로
streaming 흐름, 유동, 스트리밍
core 속, 핵심, 핵심의
press 누르다, 압축하다, 신문, 언론
pressure 압력, 압박
craft 공예, 솜씨, 우주선, ~을 만들다
singular 단 하나의, 뛰어난
entity 독립체, 본질, 실재물
deliver 배달하다, 전달하다
entirety 전체, 온전
entire 전체의, 완전한
preserve 보존하다

사회자 How important is in fact, for you this subject, streaming vs theater?
영화관 vs 인터넷 스트리밍 서비스(넷플릭스, 왓챠) 어떻게 생각하나요?

봉준호 극장이, 사실 뭐 큰 스크린이나 뭐 여러 명이 모여서 보는 것도 중요하지만 사실 극장의 가장 핵심적인 점은, 보는 사람이 stop 버튼을 누를 수 없는 유일한 곳이라는 게, 그게 핵심인 것 같아요.

샤론최 Of course it's important that movie theaters offer big screens and you have this shared experience with a lot of people. But the core importance of movie theaters is that it's the only place where the audience can't press the stop button.

(관객 박수)

봉준호 만드는 입장에서는, 여기 다 감독님들이니까 느끼시겠지만, 2시간에 가까운 한 덩어리의 리듬을 창조하는 거잖아요. 그 리듬을 컨트롤하고 싶고, 그 리듬을 고스란히 관객한테 전달하고 싶은데 그 처음과 끝이 보존되려면 사실 가장 확실한 것은 극장밖에 없는 거죠.

55

샤론최   So as a filmmaker, I'm sure you guys can all agree. You know, what we're creating with films is crafting a singular entity of rhythm that runs for two hours. <u>We want to control that rhythm and deliver it in its entirety to the audience.</u>[4] And movie theaters allow us to preserve that sense of rhythm from beginning to end.

〈1〉 Once와 If의 차이

"1인치 자막의 장벽을 뛰어 넘으면, 훨씬 더 많은 영화를 즐기실 수 있습니다."
여기서 봉준호 감독은 '세상에 영어로 된 거 말고도 이렇게 좋은 영화가 많다'는 말을 특유의 비유법으로 멋지게 표현했고 통역도 원어민들이 그대로 받아들이게 되는 좋은 문장이었죠.

샤론최는 '언어의 장벽을 뛰어넘으면'에서 '~하면'의 뜻으로 once를 썼습니다. once와 비슷한 의미의 if와 비교하자면, 둘 다 '~한다면'의 뜻으로 쓰이지만, once가 '바로 당장, 반드시'라는 의미를 함께 갖고 있습니다. 그러니 여러분들도 조건에 대해서 강하게 표현하고 싶을 때 once를 쓰면 좋아요.

〈2〉 critic 연계 단어

critic 비평가
ciritical 비판적인, 대단히 중요한

ciriticize 비난하다, 비평하다

criticism 비판, 비난, 평론

critique 비평, 평론, ~을 논평하다

criterion 기준, 규범, 표준 (복수형: criteria)

〈3〉 '당연하다' 뜻을 가진 영어 단어들 중 샤론최의 선택은?

'당연하다'라고 영어로 표현할 수 있는 영어 단어들이 많습니다. 그중 샤론최는 inevitable을 선택했어요. 어떤 일이 발생하는 것이 inevitable하다고 한다면, 이 것은 '유일한 결과이며, 반드시 발생하는 결과'라는 의미를 더하고 있어요.

● '당연한'을 표현할 수 있는 단어들

reasonable 합리적인, 이치에 맞는

natural 자연스러운

no doubt 의심할 것 없는

no wonder 놀랄 것 없는

fair 공평한, 타당한

inevitable 피할 수 없는

〈4〉 한국어 문장, 영어 구조적 해석 후 영작하기

영작을 위해서는 첫 번째로 문장의 구조(누가, 무엇을 하는지, 누구를/에게, 어 떻게 순으로)와 상황 그리고 관념을 정리합니다. 두 번째로는 한국어식 표현에 주의해서 그 말이 하고자 하는 속뜻을 파악한 뒤 영어식 표현에서 알맞은 것을 써야 하죠. 이렇게 직역의 오류에서 벗어나야 합니다.

사실 일반인의 경우, 첫 번째인 문장의 구조 파악만 '영어식 관점'에서 잘하면 어디가서 영어 잘한다는 소리를 충분히 들을 수 있는데요. 봉준호 감독이 "그것을 고스란히 관객한테 전달하고 싶은데"라고 했는데, 이 문장을 영어 관점에서 보면 '우리는 / 전달하고 싶다 / 그것(영화의 리듬)을 / 관객에게 / 고스란히'로 정리됐죠. 여기서 '고스란히'는 '완전한 상태로'를 의미합니다. 그래서 '~인 상태'를 의미하는 전치사 in을 쓰고, 완전성을 의미하는 entirety를 쓰면 샤론최의 문장이 나옵니다. "We / want to deliver it / in its entirety / to the audience."

Once you overcome the one-inch tall barrier of subtitles,
you'll be introduced with so many more amazing films.
1인치 자막의 장벽을 뛰어 넘으면, 훨씬 더 많은 영화를 즐기실 수 있습니다.

● Once 조건문을 활용하여 영작하기
ex) Once you talk to her again, we are over!
너 걔랑 한번만 더 말하면 우린 끝이야!

(영작) Once_____,
_____.

❝ I will drink until next morning.❞
내일 아침까지 달리겠습니다.

드디어 대망의 오스카 수상 소감입니다! 톰 행크스, 키아누 리브스, 리어나도 디캐프리오, 브래들리 쿠퍼 등 할리우드 모든 스타들이 〈기생충〉을 향해 네 번이나 박수를 쳤습니다. 한 개가 아니라 무려 네 개의 상을 받았는데요. 더욱 대단했던 이유는 세 가지인데요. 첫째, 한국 영화 최초의 오스카 영화제 수상이라는 것, 둘째, 전 세계 비영어 영화 최초로 대상격인 작품상을 수상했다는 것, 셋째, 예술적 가치를 중시하는 칸 영화제 작품상과 흥행을 크게 고려하는 오스카상을 동시에 수상했다는 것입니다.

상을 네 개 받았는데, 그중 세 번의 수상에서 봉준호 감독이 소감을 말했습니다. 가장 자랑스러운 감독상 수상 때는 '텍사스 톱으로 오스카 트로피 잘라서 나눠 갖기(영화감독과 팬들에게 〈텍사스 전기톱 연쇄 살인 사건〉이란 영화 때문에 큰 의미가 있음)' 이야기와, 마틴 스코세이지 기립 박수를 유도하는 소감으로 전 세계를 감동시켰습니다. 하나씩 읽어 보시죠.

● 각본상

다이앤 키턴 Why don't you read this? 'Cause this is too exciting.

(대신 읽어 주세요. 떨려서 못하겠네)

키아누 리브스 Bong Joon-ho!

(봉준호!)

봉준호 Thank you. Great honor! (감사합니다. 큰 영광이네요!) 시나리오를 쓴다는 게 되게 고독하고 외로운 작업이죠. 국가를 대표해서 시나리오를 쓰는 건 아닌데,

샤론최 Writing a script is always such a lonely process. We never write to represent our countries,

봉준호 But this is very first Oscar to South Korea. Thank you!

(그렇지만 이건 한국의 첫 번째 오스카 수상입니다. 감사합니다!)

한진원 미국에 할리우드가 있듯이, 한국에는 충무로라는 데가 있습니다. 저의 심장은 충무로의 모든 필름메이커들과 스토리텔러들과 이 영광을 나누고 싶습니다. 감사합니다.

샤론최 As there's Hollywood in the U.S. in Korea, we have 충무로. I'd like to share this honor with all the story tellers and film makers at 충무로. Thank you.

● 국제 영화상(외국어 영화상)

봉준호 이 카테고리 이름이 바뀌었잖아요? Foreign Language(외국어 영화상)에서 International(국제 영화상)로 이름이 바뀌었는데, 이름 바뀐 첫 번째 상을 받게 돼서 더더욱 의미가 깊고요. 그 이름이 상징하는 바

가 있는데, 오스카가 추구하는 그 방향에 지지와 박수를 보냅니다.

샤론최 The category has a new name now, from best foreign language to best international feature film. I'm so happy to be its first recipient under the new name. I applaud and support the new direction that this change symbolizes.

봉준호 이 영화를 함께 만든 우리 멋진 배우와 모든 스태프들이 여기 와 있습니다. 〈기생충〉의 연기자들과 팀원들에게 박수 한 번 부탁드립니다!

샤론최 All our loving crew members and cast memebrs are here with us today. Please send a round of applause to the actors and crew members of 〈Parasite〉.

봉준호 Thank you and I'm ready to drink tonight, until next morning! Thank you!

(감사드립니다. 그리고 전 오늘 술 마실 준비가 됐습니다. 내일 아침까지! 감사합니다!)

● 감독상

봉준호 좀 전에 국제 영화상 수상하고 "아 오늘 할 일은 끝났구나"하고 릴랙스하고 있었습니다. 너무 감사합니다. 그리고 어렸을 때 영화 공부할 때 제가 항상 가슴에 새겼던 말이 있었는데. "가장 개인적인 것이 가장 창의적인 것이다."

샤론최 After winning best international feature, I thought I was done for the day and was ready to relax. Thank you so much. When I was young and studying cinema, there was a saying that I carved deep into my heart, which is "The most personal [1] is the most creative."

봉준호   That quote is from our great Martin Scorsese.
(그 말은 우리의 위대한 마틴 스코세이지 감독님께서 하신 말씀입니다.)

Words & Phrases

recipient 받는 사람, 수취인
round 둥근, 통통한, 원, 한 기간, 한 회
carve 조각하다, 깊이 새기다
quote 인용, 인용구, 인용하다
close quote, unquote 따옴표 닫고

(관객 모두 스코세이지 감독에게 기립 박수)

봉준호   제가 학교에서 마티(마틴 스코세이지)의 영화를 보면서 공부했던 사람인데, 같이 후보에 오른 것만 해도 너무 영광인데 상을 받을 줄 전혀 몰랐었고요. 저의 영화를 아직 미국의 관객들이나 사람들이 모를 때, 항상 제 영화를 리스트에 뽑고 좋아하신 쿠엔틴 형님이 계신데 정말 사랑합니다. Quentin, I love you! 그리고 같이 후보에 오른 Todd(토드 필립스)나 Sam(샘 멘데스)이나 다 제가 너무나 존경하는 멋진 감독들인데, 이 트로피를 오스카 측에서 허락한다면 텍사스 전기톱으로 다섯 개로 잘라서 나누고 싶은 마음입니다.

샤론최   When I was in school, I studied Martin Scorsese's films. Just to be nominated was a huge honor. I never thought I would win. When people in the U.S were not familliar with my film, Quentin always put my films on his list. He's here. Thank you so much. And Todd and Sam, great directors that I admire. If the Academy allows, I would like to get a Texas chainsaw, split the Oscar Trophy into five and share it with all of you.

봉준호   Thank you! I will drink until next morning. Thank you!
(감사합니다! 내일 아침까지 달리겠습니다.)

⟨1⟩ the 형용사 = 명사

the most personal에서 personal은 '사적인'이라는 형용사인데 문장 해석은 '개인적인 것'이 되었죠. 이건 'the+형용사'가 명사로 쓰이기 때문이에요.

> The deceased was a good man. 고인은 좋은 사람이었다.
>
> We should respect the old. 어르신을 공경해야 한다.
>
> The unknown has a mysterious attraction. 미지의 것은 신비로운 매력이 있다.

The most personal is the most creative.
가장 개인적인 것이 가장 창의적인 것이다.

● 'the+형용사' 활용하여 영작하기

ex) The most fatty is the most dellicious.
지방이 가장 많은 게 가장 맛있는 것이다.

(영작) The _____ is the _____.

> **❝** *So I'm looking forward to*
> *what he has for me next.* **❞**
> 다음번이 기대돼요.

영화제들은 프랑스 칸에서 먼저 시작해서 연말에는 북미 지역에서 열리는데요. 영국은 유럽에 속해 있지만 영화제는 북미와 함께 후반부에 열립니다. 그래서 이때 〈기생충〉 팀은 영국과 미국, 캐나다를 오가며 바쁘게 활동했습니다.

이번에는 영국에서 이정은, 송강호가 함께 인터뷰한 스크립트입니다.

(영화의 급격한 흐름과 액션 신에 대해서 얘기하던 중)

이정은   이 역할을 맡을 때 제가 감독님한테 들었던 것은, 재미있고 이상한 작업을 하게 될 거라고 그랬고, 영화 〈마더〉 때부터 이어진 인연으로 그런 주문을 받았을 때, 배우로서 굉장히 신나고 재미있는 일이 벌어지겠다고 생각했는데, 그게 이런 육체적인 노력일 줄은 몰랐습니다. 근데 제가 그렇게 노력했던 것보다, 사실은 옆에 계신 송 선배님이 저를 업고 마지막에 나르고, 지하에서 옮기는 과정에 제 무게 때문에 많은 고통을 드린 것 같아서 그 점에 미안해하면서 촬영을 했던 걸로 기억합니다.

샤론최 So, when director Bong first gave me this role, he said that we would go on this very interesting and strange journey together. Our working relationship started with his previous film 〈Mother〉 and as an actor to hear that from director Bong, I knew something exciting was waiting for me but I had no idea how physical that journey would be.[1] But particularly that scene where 기택 has to carry the body of the original housekeeper and bury it, I felt so bad because he suffered quite a bit from how heavy I was. That was my biggest concern.

(관객 웃음)

사회자 You also had worked with director Bong before because you voiced 〈Okja〉 and you had a small part in 〈Mother〉 too, so yeah that's interesting. Obviously you two are collaborating a lot with him.

(이정은 배우는 예전부터 〈옥자〉에서 목소리로 출연하고 〈마더〉에서도 작은 역할을 하며 봉준호 감독과 함께 일했죠. 두 분(송강호, 이정은)은 봉 감독님과 많이 일을 했네요.)

이정은 〈옥자〉 때는 사실 주인공을 준다고 해서 무조건 덥석 잡았는데, 알고 보니까 동물이었고(유전자 변형 돼지 목소리 역), 그래서 거대한 동물들의 소리의 근원을 알기 위해서 열심히 노력했는데, 나중에 감독님이 그런 메소드가 아니고, 정서적으로 느껴지는 어떤 느낌, 감정을 표현하는 것으로 연기를 해야 한다고 표현을 해주셔서가지고… (봉준호 감독 옆에서 얼굴 가리고 웃고 있음)

샤론최 So, for 〈Okja〉 he told me that he would give me the title role of that film, so I said yes right away. And I later found out that it was this giant animal, so I did a lot of research to discover the fundamental[2] sound, the essential sound of these animals. But director Bong later told me that my job was to really express the sentimentality and the emotion of this creature. So that was very interesting.

이정은 그다음에는 어떤 역을 주실까 생각했는데, 그게 처음에 받은 콘티가 (공중에 뜬 채로) 벽을 미는 장면이었어요. 그래서 나는 이번에는 동물이 아니고 탈출을 하는 긴 여정의 영화가 아닌가 생각했는데, 굉장히 반전을 주는 큰 역할을 주셔서, 다음번이 또 기대되는 게 있습니다.

샤론최 And then the next role that he gave me with 〈Parasite〉, the first material that he handed me was a page from his storyboard where you have the original housekeeper hover mid-air and push the walls. So this time I thought that this movie would be this long journey of this woman trying to escape something. But it ended up being such a big role with such an interesting twist, so I'm looking forward to what he has for me next.

Zoom Up!

〈1〉 'how A 주어 + 동사' : 얼마나 주어가 A한지

'얼마나 ~ 한지'는 how를 이용해서 표현하는데요. 이때 how 다음 형용사를 쓸지 아니면 부사를 쓸지는 이것이 수식하는 대상이 동사인지(부사) 주어인지(형용사)에 따라 다릅니다.

"How physical that journey would be(그 여정이 얼마나 격렬할지)"는 "That jouney would be physical(그 여정은 격렬할 것이다)"이 기본형이고, 따라서 physical인 형용사형이 쓰이게 되었습니다.

"He moved quickly(그는 재빨리 움직였다)"가 "how quickly he moved(그가 얼마나 빨리 움직였는지)"가 되고, "He is quick(그는 재빠르다/영리하다)"에서 "how quick he is(그가 얼마나 영리한지)"가 나옵니다.

〈2〉 fund의 어원 : 바닥, 기반

fund 기금, 자원, 자본

found 설립하다

foundation 토대, 재단, 창립

fundament 기본, 둔부(엉덩이)

fundamentalism 근본주의

fundamental 근본적인, 타고난, 필수의, 기본, 기초

I had no idea how physical that journey would be

그 여정이 얼마나 격렬할지 아무것도 몰랐어요.

● 'how 강조'를 활용하여 영작하기

ex) I had no idea how expensive it would be.

그게 얼마나 비싼지 전혀 몰랐어요

(영작) I had no idea how _____.

" That's not something that is easy to say to your child. "
자식 앞에서 할 말은 아니에요.

감독은 배우를 통해 메시지를 전달하죠. 한 배우와 자주 작업을 함께하다 보면 배우의 필모그래피가 곧 감독의 필모그래피가 되며 주제를 공유하게 됩니다. 이때 배우는 감독의 세계를 표현하는 얼굴, 즉 페르소나가 되죠. 송강호는 봉준호 감독의 페르소나로 꼽히는데요. 〈기생충〉에서 봉준호 감독은 송강호를 통해 무엇을 보여 주고 싶었을까요?

사회자   And director Bong, I feel that often it's a theme in your films, thinking particularly of 〈The Host〉, where Song Kang-ho's character you know, he wants to have a plan, there's got to be some order that he can put on life and here it feels there's a lot of talk of plans and at the end he says he has no plan. It feels in almost way, like kind of your bleakest film yet. Do you agree?

(봉 감독님, 제가 감독님 영화에서 본 건, 특히 〈괴물〉의 경우에는 아시다시피 송강호 씨의 캐릭터는 계획을 가지려고 하고 삶에 질서를 두고 싶어 하죠. 이번 영화에서는 계획에 대한 얘기가 많죠. 그러나 결국엔 아무 계획이 없었다고 얘기하는 겁니다. 지금까지의 영화 중에 가장 절망적인 것 같은데요, 그렇게 보나요?)

봉준호 마침 〈괴물〉 얘기를 하셨는데, 〈괴물〉에서도 (송강호 씨가) 처음 등장할 때 보면 자고 있어요. 〈기생충〉에서도 자고 있죠. 자다가 와이프가 툭 발로 차서 깨는데, 아무 계획 없이 잠을 퍼 자고 있는 그런 인물로 사실 시작이 되는 셈인데….

샤론최 So in ⟨The Host⟩, as well, you first see him sleeping. And with ⟨Parasite⟩ as well he's sleeping and his wife shoves him to wake him up. So with both characters you first begin their story with a character who has no plan and is just sleeping.

봉준호 체육관 장면에서 "무계획이 최고의 계획이고", 거기서 이 사람(캐릭터)이 가지고 있는 어두운 상처나 과거 같은 게 확 드러나잖아요. 사실 뭐, 중간에 대사로 잠깐 나오지만 <u>치킨 집 했다가 망하고,</u>[1] 대만 카스테라 했다가 망하고. 그런 어떤 굴곡과 좌절들이 켜켜이 쌓이면서 그런 어떤 어두운 밑바닥을 가지게 되는 거죠.

샤론최 So in the gym scene you hear him talking about how having no plan is the best plan and at that moment you really see all of his hurts and his dark past that he's gone through. At some point in the film you hear about how he once had a fried chicken place that failed, how he had a Taiwanese cupcake shop that failed. So he's a character that went through so many <u>tribulations,</u>[2] a character that went through so much despair, and so that character has a very dark core.

봉준호　특히, 그런 말을 아들한테 하는 거잖아요. 애한테 할 말은 아니에요. 사실, 자식 앞에서 그런 말을 한다는 게 쉬운 게 아닌데. 그만큼 그런 절망적인 상황이라서 그런 것 같아요. 그게 집이 물에 잠기고 나서 그렇게 되는 건데. 그나마 가지고 있는 작은 반지하 집인데, 그것마저 물에 뒤덮이고 나서 하게 되는 말이니까 어찌 보면 이해가 가는 상황이기도 하죠.

Words & Phrases

bleak 암울한, 음산한, 황량한
tribulation 시련, 고난, 재난
turbulence 격동, 격변, 난기류
turbulent 격동의, 난기류의, 사나운
turmoil 혼란, 소란
turn 돌다
disturb 방해하다

샤론최　Particularly, he says that in front of his son and that's not something that is easy to say to your child. And I think that just goes to show how much despair this character is in, because it's right after he witnesses his home being submerged under water by the flood. You know, that semi-basement home, no matter how small or petty it might be, it's all he had and even that, he lost. And so it really just shows the dark situation he finds himself in and I think it's very easy to understand that character.

〈1〉 주어가 불분명한 한국어, 영어식 사고로 정리

한국어는 영어보다 훨씬 더 유연한 특징을 갖고 있어요. 그 특징 때문에 주어와 서술어가 불분명해도 의미가 전달되죠. 그런데 우리가 영어로 말하기 위해서는 그 뼈대를 잘 파악하여 영어식 표현에 맞게 사용해야 합니다. "사실 뭐, 중간에 대사로 잠깐 나오지만, 치킨 집 했다가 망하고"라는 말을 정리하면 '치킨 집 했다가 망하고'가 주어고 '나오다'가 동사입니다. '나오다'라는 의미의 동사들은 많지만 주어와 어울리는 것을 찾아야 합니다. 샤론최는 순간적 통역에서도 이것을 놓치지 않고 상황에 맞게 구성했습니다. '나온다'는 건 한국어에서 그러한 이야기가 떠돌고 "들리게 된다"는 의미이고, 듣는 사람은 당신 혹은 우리가 되는 거죠. 다시 영어식 사고로 재구성하면, "당신이(주어), 듣게 된다(동사), 망한 이야기(목적어)"로 정리됩니다. 그래서 "You / hear about / how he once had a fried chicken place that failed"라는 문장이 나왔습니다. 이렇게 한국어 속 상황을 정리하고 그것을 영어식 사고에 맞게 재구성하는 것이 중요합니다.

⟨2⟩ tri, tur 어원: 돌다, 흔들다, 둥글다

tribulation 시련, 고난, 재난 / turbulence 격동, 격변, 난기류 / turbulent 격동의, 난기류의, 사나운 / turmoil 혼란, 소란 / turn 돌다 / disturb 방해하다

Mac's Pick

You hear about
how he once had a fried chicken place that failed.
그가 치킨 집을 했다가 망한 것도 알게 되죠.

● **hear about 표현을 활용하여 영작하기**
ex) I heard about how he overcame his failure.
그가 어떻게 실패를 극복했는지 들었다.

(영작) _____ hear about _____.

13 BFI 영국 영화 협회 #3
〈기생충〉 효과음의 명확한 목표

❝ *If you go to a rich neighborhood,*
it's always quiet. **❞**

부자 동네에 가면 아주 조용해요.

이번 스크립트는 영화에서 스토리를 제외한 것들에 관한
이야기입니다. 디테일을 놓치지 않는 봉준호 감독은 배경
화면, 배경 소리 등에 대해 어떤 설정을 했을까요?

사회자	What metaphors or themes did you want to express through the use of sound?
	(소리로써 표현하고 싶었던 주제나 의도는 어떤 게 있나요?)
봉준호	이 영화는 사운드뿐 아니라 모든 게 다 빈부 격차에 초점이 맞춰져 있어요. 좀 약간 치사하긴 한데.
샤론최	So in this film not only the sound but all the elements⁽¹⁾ that you see, everything revolves around this theme of class disparity.
봉준호	예를 들면 햇빛 드는 것도, 반지하 방은 오프닝할 때 햇빛이 되게 가늘게 들어오는데, 영화 전체에서 그 반지하 집에 자연광이 들어오는

게 그 한 장면 밖에 없어요. 실제로 반지하 집들에 가보면, 하루 중에 10분, 20분, 이렇게만 햇빛이 드는 집들이 많거든요. 반면 부잣집을 보면 거대한 통유리들을 통해 폭포처럼 자연광이 쏟아지죠.

샤론최 So for example, with sunlight in the opening scene you see the faint sunlight reaching in the semi-basement home, and that's the only scene in the semi-basement home where you have natural light. And in actual semi-basement homes you only get sunlight for around 20 minutes a day. In contrast with the rich house they have this giant glass wall where[2] you see sunlight flooding into this space.

봉준호 그리고 사운드 면에서도 소음의 빈부 격차라고 해야 하나, 실제 부자 동네에 가면 되게 조용해요. 새소리가 들리고, 강아지도 예쁘게 짖는 것 같고, 전반적으로 조용하죠. 그리고 가난한 동네에 가면 노이즈, 소음이 많아요. 소음의 레이어들(겹, 층)도 되게 많고. 저희가 돌비 애트모스(녹음 프로그램)로 사운드 믹싱을 했는데, 가난한 동네 쪽이 사운드 레이어가 되게 많죠. 알폰소 쿠아론 감독의 〈로마〉에 나오는 주택가의 소리도 많이 참조했었어요.

샤론최 So with sound, sound also expresses class disparity. If you go to a rich neighborhood, it's always quiet, you hear birds chirping and even dogs seem to bark in a very pleasant way.

(관객 웃음)

샤론최   But in poor neighborhoods, there is so much sound. There are multiple layers of sound that you hear. We mixed ⟨Parasite⟩ in Dolby Atmos and so we created several layers of sound for the neighborhood, similar to the neighborhood you see in ⟨Roma⟩ by Alfonso Cuaron that was one of the references for building the sound.

⟨1⟩ element 어근 파헤치기: ele(기본 요소) + ment, nent(구성)

element 요소, 성분

elemental 근본적인, 자연력의

elementary 초보의, 기본적인

elements 비바람, 폭풍우

component 부품('함께'의 어근 co), 요소

opponent 상대, 적('반대'의 어근 op)

proponent 지지자, 제안자 ('앞으로'의 어근 pro)

⟨2⟩ 관계 부사 where

자, 앞에서 연습한 관계 대명사에서 확장된 관계 부사입니다. where은 관계 부사(where, when, how, why) 중 하나인데, 부사 + 관계 대명사로 볼 수 있어요. 즉, where = in/at which인 거죠. 주어진 문장 "They have <u>this giant glass wall where</u> you see sunlight(햇빛을 볼 수 있는 큰 유리 벽을 갖고 있다)"는 다시 "They have <u>this giant glass wall in which</u> you see sunlight"가 되고, 이건 두 문장 "They have <u>this giant glass wall</u>"과 "You see sunlight <u>in this giant glass wall</u>"이 합쳐진 것입니다.

**They have this giant glass wall
where you see sunlight flooding into this space.**
햇빛이 쏟아지는 게 보이는 큰 유리 벽을 갖고 있다.

● **관계 부사 where를 넣어 영작하기**
ex) This is the hospital where I was born.
여기가 내가 태어난 병원이다.

(영작) _____ where _____.

14 BFI 영국 영화 협회 #4
부자와 빈자, 누가 악당인가?

> **❝** *There are no villains in this film.* **❞**
> 이 영화에 사실 악당은 없어요.

〈기생충〉은 부자 가족과 가난한 가족이 함께 살게 되면서 발생하는 사건을 다뤘어요. 이 영화는 빈부 격차라는 소재가 흔히 그랬던 것처럼 소위 '나쁜 부자'를 벌주는 내용이 아닙니다. 그렇다면 이 영화는 뭘 표현하고 있으며, 왜 잔혹한 일들이 발생하게 되는 걸까요? 봉준호 감독의 이야기를 들어 보시죠.

사회자   I was interested in the way the wealthy family was portrayed. They came across as oblivious rather than cruel?

(부자 가족이 묘사되는 관점이 재미있었는데요. 그들은 잔혹한 쪽보다는 어리바리한 쪽으로 보이더라고요?)

봉준호   이 영화에 사실 악당이 없어요. 사실 히어로도 없죠. 그러다 보니 이게 더 스토리를 예측하기 힘든 것 같아요. 예측하기 힘든 방향으로 이야기가 갈 수 있죠. 악당과 히어로가 딱 구분돼 있으면 사실 스토리가 예측하기 쉬워지거든요.

샤론최 There are no villains in this film. And there aren't any heroes either. So that's why the story becomes so difficult to predict, because when you have clear villains and heroes. It's quite easy to think about what will happen in the end.

봉준호 부자들을 탐욕적이고, 추악한 인물들로 그리는 영화나 TV 쇼가 많죠. 쉬운 선택이라고 생각해요. 실제 현실은 그렇게 간단하진 않잖아요. 훨씬 더 복잡하다고 생각이 들고요. 그런 복잡한 느낌을 많이 담으려고 애를 썼는데, 이 영화에 나오는 부자, 박 사장은 선을 딱 긋는 걸 좋아하잖아요. 선 넘지 말라고. 냄새가 선을 넘어 온다고 짜증을 내기도 하고요.

샤론최 So I think there are many films and TV shows that portray the rich as these greedy and malicious villains. But I think that's a very easy choice to make. Reality is never that simple. It's always much more complicated and that's what I wanted to reflect with this story. But Mr. Park in this film, he likes to draw the line and have other people stay beyond that line. He talks about how he's frustrated that smell crosses the line.

봉준호 근데 정작 자기가 선을 넘죠. 가난한 가족을 향해서. 둘이(송강호와 이선균) 인디안 모자를 쓰고 하는 대화를 생각해 보세요. 파티 장면의, 나무 뒤에 숨어서 하는 대사를 보면. 이쪽(송강호)이 약간 삐딱하게 나오니까, (이선균이) "이거 돈 받고 하는 거죠? 일의 연장이죠?" 사실, 어떻게 보면 본인이 그 선을 넘고 있는 거거든요. 인간적인 모멸감을 주면서.

샤론최 But actually he's the one who crosses the line. If you think about that scene where they're in the Native American headdresses and sharing that conversation behind the trees, when 기택 doesn't seem so cooperative, he mentions that "This is all a job and you're getting paid to do this." And in that moment he crosses the line in terms of how he humiliates this other person.

봉준호 그리고 사람(송강호)이 옆구리에 뭔가를 찔려서 쓰러져 있는데, 그 사람을 자신(이선균)의 선 밖에 있는 투명 인간처럼 취급하잖아요. 자기가 지금 급한 건 자동차 키니까, 자동차 키만 가져가면 그만인 거죠. 자기가 설정한 라인 밖에 있는 사람은 다 투명 인간 취급하는 건데, 그 순간에도 냄새가 자기 코를 찌르니까, 그걸 견디지 못하고 코를 막죠. 거기서부터 어떻게 보면, 자기의 비극적인 운명을 자초한 건데. 물론 그렇다고 죽을 짓을 한 건 전혀 아니고요. 어쨌든 이 사람(송강호 역)이 결국은 폭발해 버리게끔 도화선의 역할을 한 건 사실이죠.

샤론최 And so in the climax you have this man, who got stabbed in his side, lying on the ground and even when Mr. Park sees him, he treats this person who's beyond his line as someone who's invisible. All he cares about is taking the car keys. And so, even at that moment, he has people who are beyond his boundary that he doesn't care about at all. But even at that moment, the smell crosses the line. And that's why he covers his nose. And that sort of thing brings about the tragedy that he faces. Of course that

doesn't mean that he has to die, but it does <u>sort of</u>[1] become
the <u>catalyst</u>[2] for the rage that you see 기택 explode with.

〈1〉 "약간 ~같아요" 영어로 표현하기

영어 회화에 보면 sort of, kind of가 굉장히 많이 쓰여요. 이 단어들의 1번 뜻
으로 알고 있는 '종류'라고 넣으면 해석이 잘 안 되죠. 이건 부사로써 "약간 ~같
아, 조금 ~같아"라는 의미로 회화에서 많이 쓰이는 표현입니다. 원래 표현하고
자 하는 문장에서 조금 더 확장된 의미로 상대방이 유연하게 받아 주었으면 할
때 이 표현을 씁니다.

I think I kind of like you. (나 너 약간 좋아하는 것 같아).

명사로써 kind의 뜻이 '종류'이고, kind of가 '일종의'라는 뜻으로 따로 봐야
하는 것 같지만, 사실 개념적으로 생각해 보면 통하는 것을 알 수 있어요.

kind of like you = 너를 좋아하는 일종의 감정

〈2〉 catalyst 어근 파헤치기: cata 풀어헤치다, 던지다

catalyst 촉매, 기폭제

catalyze 촉매 작용을 하다

catalyzer 촉매

catastrophe 재앙, 참사

catapult 새총, 투석기

**It sort of becomes the catalyst for the rage
that 기택 explodes with.**

그게 기택이 폭발하게 되는 촉매제가 되는 식인 거죠.

● **sort of 표현을 활용하여 영작하기**

ex) I think making an English name is sort of making a new identity.

내 생각에 영어 이름을 만드는 건 새로운 자아를 만드는 거 같아.

(영작) _____ sort of _____.

> **" In terms of labor, they're the ones
> who're leeching off the poor family. ""**
>
> 노동의 측면에서 부자는 가난한 사람들에게 기생하는 거죠.

이 영화의 제목은 〈기생충〉이죠. 기생충은 숙주에게 붙어서
생명을 유지하고 번식하는 존재이고, 따라서 우리에게 '충'
이란 단어는 분명 부정적입니다. 그렇다면 경제적 구조에서
기생충은 빈자일까요, 부자일까요? 봉준호 감독의 생각은
어떤지 한번 들어 보시죠.

사회자   Why did you call the film 'parasite'?

(왜 영화 제목을 '기생충'이라 지었나요?)

봉준호   결국은, 다 기생충이라고 볼 수도 있는 건데. 부자 입장에서 보면 웃기
게 모순된 측면이 있는데, 노동의 측면에서 부자가 가난한 자들에게
기생하는 거죠, 자기가 설거지하면 되는데 못 하잖아요. 가난한 자의
노동력을 빨아먹어서 그걸 시키는 거죠. 운전도 그렇고. 그러니까 자
기 가까이에 가난한 사람을 두려고 하는 거죠.

샤론최 So in the end you can call every character in this film a parasite. It's <u>quite a</u>⁽¹⁾ funny contradiction from the perspective of the rich family, where, in terms of labor, they're the ones who're leeching off the poor family. They can do the dishes themselves but they just can't, and that's why they need to hire these people to leech off their labor. So, that's why they're bringing this, you know, the working class, closer into their lives.

봉준호 이 영화에 나오는 하우스키핑(가사 노동), 드라이빙 이런 게 사실 되게 가까이서 해야 하는 일이잖아요. 냄새를 서로 맡을 수 있을 정도로. 그러니까 자기의 사적인 공간까지 아주 가까이 오게끔 해서 그 일을 시키는데, 그렇게 되면 자신의 사생활을 보게 되니까 불안하고, 그렇다고 그 일을 직접 하진 못하고 시키긴 시켜야겠는데 바로 자기 집, 차 속까지 끌고 들어와야 되고. 그래서 불안하니까 계속 선을 넘지 말라고 그러고. 근데 바로 그 선 근처까지 끌고 온 건 사실 자기 자신이란 말이에요.

샤론최 But with housework, it requires the people to really come close to you, <u>so close that</u>⁽²⁾ you can smell each other. And it requires them to come into your private space <u>so that</u>⁽³⁾ they can do the labor you need them to provide. So, that's why they have to bring them into their cars and into their homes. But because these strangers end up witnessing your private life, they become very anxious. So, it's a constant repetition of feeling the need to bring them into their private space and feeling anxious about it. And so that's why they constantly talk about not crossing this line, although they're the ones who have to bring them into their lives in the first place.

〈1〉 'so + 형용사 + a + 명사' 구조

'꽤 재미있는 모순'은 'a quite funny contradiction'이 아니라 'quite a funny contradiction'입니다. 이처럼 quite 같은 몇몇 단어들은 a 앞에 위치하니 구조에 주의해야 해요.

- 'such + a + 형용사 + 명사' 구조로 쓰는 단어: such, what, rather, quite
  That was rather an expensive car. 그것은 다소 비싼 차였다.

- 'so + 형용사 + a + 명사' 구조로 쓰는 단어: so, as, too, how, however
  However expensive a car, I'm gonna buy one. 아무리 차가 비싸더라도 하나 살 거야.

〈2〉 'so + 형용사 + that': 너무 형용사해서 that 하다, 형용사할 정도로 that하다

It was so close that they can smell each other.
그들은 서로 냄새를 맡을 수 있을 정도로 정말 가까웠다.

The water was too cold that I couldn't take a shower.

물이 너무 차가워서 샤워를 할 수 없었다.

참고: 'too + 형용사 + to 동사' 너무 형용사해서 동사할 수 없다

The water was too cold to take a shower. 물이 너무 차가워서 샤워를 할 수 없었다.

⟨3⟩ A so that B: B하기 위해 A했다, A했더니 B했다(B는 A의 목적, 결과).

It requires them to come into your private space so that they can do the labor. 그들이 일을 할 수 있도록 사적인 공간까지 와야 할 필요가 있었다.

She worked out hard so that she became healthy not only physically, but also mentally. 그녀는 운동을 열심히 했고 몸뿐만 아니라 마음도 건강해졌다.

**It requires them to come into your private space
so that they can do the labor.**
그들이 일을 할 수 있도록 사적인 공간까지 와야 할 필요가 있었다.

● **A so that B 표현을 활용하여 영작하기**
ex) I'm gonna study English hard so that
I won't have any trouble reading English news.
나는 영어를 열심히 공부해서 영어 뉴스를 읽는 데 아무 문제가 없도록 할 거야.

(영작) _____

so that _____.

" *All these things happen very naturally to me.* "
이런 모든 것들이 저에게 자연스럽게 일어나는 일이죠.

봉준호 감독은 어떤 장르의 영화감독인지, 〈기생충〉은 어떤 장르로 분류해야 하는지 쉽게 얘기하기 어렵습니다. 표면적으로는 스릴러로 보이지만 일단 전통적인 형식을 깨는 것들이 많고, 또한 영화를 보는 내내 웃음기가 사라지지 않기도 하죠. 그리고 집에 와서는 뒤통수를 때리는 묵직한 사회적 메세지가 계속 머릿속을 떠나지 않고요. 이런 것에 대해 봉준호 감독은 어떤 이야기를 했을까요?

사회자   Are you consciously switching between genres or was that just the story you wanted to tell?

(영화 안에서) 의도적으로 장르를 바꾸시는 건가요, 아니면 그냥 말하고 싶은 스토리가 그런 건가요?

봉준호   사실 저는 그냥 찍은 것이거든요. 내가 장르를 섞었다는 생각도 못했고, "이 시퀀스부터 우리는 코미디에서 호러로 가는 거야" 이렇게 우리가 깃발을 꽂은 것도 아니에요. 영화에서 가장 극적으로 톤이 확 바뀌는 부분이라면 아마 이분이(이정은을 가리키며) "땡동" 하고 밤에 찾아 왔을 때일 것 같아요.

Words & Phrases

switch 스위치, 바꾸다
genre 장르, 종류
as if 마치 ~인 것 같은
sequence (영화 용어) 장면, 연속적인 사건
tonal shift 톤의 변화
core 중심의, 중심
goal 목표
ever-changing 항상 변화하는
ever-green 항상 초록의
nowhere 어디에서도, 아무곳에서도 (~않다)

샤론최 So you know, I just shot this film. It didn't even occur to me that I was mixing all these genres. It wasn't as if I planted a flag and announced to everyone that from this sequence it's gonna be comedy to horror. I think the most dramatic tonal shift happens⁽¹⁾ in the film when she comes back in the middle of the night to ring the doorbell.

봉준호 (이정은에게) 그때 우리가 상의를 했었나요? 다른 연기 톤을 해보자던가 하는…

이정은 장르에 대한 얘기는 안 하셨고, 오히려 제가 해야 될 역할의 중심을 갖고서 연기하는 것. 그것만 얘기하셨죠. 근데 생각해 보면, 삶이라는 게, 하루는 되게 해피하지만, 해고당한다거나 하면 굉장히 슬픈 새드 무비가 되고, 예를 들면 기택(송강호 역) 가족이 여유 있게 부잣집에서 즐기고 있을 때, 누군가가 나타난다면 그건 분명히 공포스럽지 않을까 싶어요.

샤론최 So, director Bong asked ⁽²⁾ if we discussed these tonal shifts while shooting that scene and Lee added that they never discussed the genre elements of this scene, actually what they really talked about was the core goal that this character would have. But if you really think about it, life is always ever-changing. A day when you get fired it's a sad day, sometimes you have happy days. And on other days you feel all these different emotions. So when you see the Kim family enjoying the luxuries of the rich house, of course if someone suddenly appears out of nowhere then of course it turns into horror.

봉준호   For me, actually, it's much more difficult to keep or maintain one tone during the whole two-hour movie. It's much more impossible task to me. All these things happen very naturally to me, yeah.

(저는 사실, 두 시간짜리 영화 내내 한 가지 톤을 유지하는 게 더 힘들어요. 저에게는 그게 훨씬 더 어려운 일이죠. 이런 모든 것들이 저에게 자연스럽게 일어나는 일이죠.)

〈1〉 경제적으로 통역하기

"톤이 바뀌는 부분은 ~했을 때다"를 직역했다면, "The part when the tone changed is when~"이 될 거예요. 그러나 이것보다 "Tonal shift happens when~"으로 "톤의 변경은 ~했을 때 발생한다"라고 샤론최는 영어 구조를 재구성해서 말했어요.

이렇게 하니 더 생동감 있고, 글자 수도 확 줄어드는 표현이 되었죠. 이렇게 "톤의 변경이 발생한다" 이후에 각종 부사를 붙이는 형식으로 의미를 넣어서 설명할 수 있었죠.

"영화에서 in the film / 그녀가 돌아 왔을 때 when she comes back / 한밤중에 in the middle of the night / 벨을 누르며 to ring the doorbell."

〈2〉 대화의 상황을 알려주는 통역

간혹 인터뷰 중에 봉준호 감독이나 패널이 관객들을 향해서가 아니라 패널들끼리 먼저 이야기를 나눠 버리는 경우가 있고, 별개의 설명이 필요한 경우가 있는데요. 이런 상황에서도 샤론최는 적절히 누가 어떤 이야기를 했는지 잘 설명해주고 있습니다.

The most dramatic tonal shift happens in the film when she comes back in the middle of the night to ring the doorbell.
가장 극적으로 톤이 확 바뀌는 부분은 이분이 "띵동" 하고
밤에 찾아 왔을 때입니다.

● **다수의 부사구를 활용하여 영작하기**

ex) He was working on his report, with a cup of coffee on the table while listening to music, thinking the work would be quite a something.
그는 테이블에 커피를 두고 음악을 들으며 보고서를 쓰고 있었다,
그 보고서가 꽤 괜찮은 것이라 생각하며.

(영작) _____

_____ .

❝ We built the poor neighborhood in the water tank which is in the middle of swimming pool. ❞
워터탱크 안에, 즉 수영장 안에 가난한 동네를 지었죠.

이번 스크립트는 LA에 있는 뮤지엄에서 진행된 관객과의 대화예요. 봉준호 감독과 송강호가 참여했고, 〈기생충〉 촬영장에 관해 얘기합니다. 자연스러움을 넘어서 아주 당연하게 실제 동네에서 촬영했을 것으로 생각했던 장면들이, 전혀 아니라고 하네요? 함께 읽어 보시죠.

사회자   The production design of this film is phenomenal. These two homes are like two additional characters. You have gotten reviews in architecture publications, which is a great compliment I think. Can you talk about the design and creation of the house and the apartment?
(이 영화의 무대 디자인은 굉장하죠. 이 두 개의 집은 각각이 또 하나의 등장인물이에요. 건축 잡지에서도 리뷰가 나왔어요. 굉장한 칭찬이

라 생각하는데요. 저택과 반지하 방의 디자인과 만든 과정을 얘기해 주세요.)

봉준호   Actually it was all set, rich house, poor house and all poor neighborhood. It's all set and we all built it. Especially for the flood sequence, we built the poor neighborhood in the water tank which is in the middle of swimming pool.

(부잣집, 가난한 집 그리고 가난한 동네까지 사실 이것들은 다 세트로 지은 거예요. 모든 게 세트고 우리가 지은 거죠. 특히 홍수 장면 때문에 워터 탱크 안에, 즉 수영장 안에 가난한 동네를 지었죠.)

(관객 웃음)

물을 부어 놓고 찍은 거죠, 마지막에. 뭐, 부잣집 같은 경우는 실제로 모델이 된 건축가가 있어요. 한국에서 젊고 세련된, 미국으로 치면 실리콘밸리의 요즘 새로운 젊은 부자들을 위한, 그런 클라이언트들을 상대하는 유명하신 분이 있는데 그분 집의 디자인을 참고한 것도 있고요. 영화의 60퍼센트 이상이 부잣집에서 벌어지는 사건이니까 되게 공들여서 아름답게 만들었죠. 그리고 촬영 끝나고 이틀 있다 다 부숴 버렸죠.

샤론최   So the last couple of days, we poured water and shot the flood sequence. And for the rich house, we actually had an actual architectural reference. He's an architect with young and sophisticated clients in Korea, similar to young CEOs in silicon valley. So we studied his houses while coming up with the rich house. <u>Because 60% of the film happens in the rich house, we put in a lot of effort to make sure it looks great and beautiful.</u>(1) And 2 days after we wrapped production, we demolished the set.

봉준호   Because the next team was waiting for the field.

(다른 팀이 그 공간을 쓰려고 기다리고 있어서)

"빨리 나가라고!"

샤론최   They were just pressuring us to leave.

〈1〉 to 부정사의 부사적 용법

부사적 용법이라는 말은 명사, 형용사가 아니라 부사처럼 쓰인다는 이야기예요. 즉, "I run fast(나는 빨리 달린다)"에서 '빨리'는 동사(달린다)의 의미를 부연 설명하는 부사죠. 이 부사처럼 to 부정사가 쓰이는 경우인데, 다양하게 해석할 수 있어요.

● ~ 하기 위하여

She studies English hard to travel alone.

그녀는 혼자 여행하기 위해 영어를 열심히 공부한다.

● ~ 해서 (원인, 판단)

I'm glad to meet you. 만나서 반갑다.

You must be in military service to have your hair that short.

머리가 그렇게 짧은 걸 보니 군인이구나.

● ~ 한다면 (조건)

To hear him speak Korean, you will take him for a Korean.

그가 한국어 하는 것을 듣는다면, 그를 한국인으로 여길 것이다.

● ~ 해서 ~ 하다 (결과)

He has grown up to become a teacher. 그는 자라서 교사가 되었다.

We put in a lot of effort to make sure it looks great and beautiful. 공들여서 아

름답게 만들었다.

**We put in a lot of effort
to make sure it looks great and beautiful.**
공들여서 아름답게 만들었다.

● **결과 의미의 to 부정사를 활용하여 영작하기**

ex) He came home to see the house on fire.

그는 집에 와서 집이 불타고 있는 것을 보았다.

(영작) _____ to _____.

> **"** *No matter what the situations are,*
> *I become bolder.* **"**
>
> 어떤 상황이든 내가 좀 더 과감해질 수 있어요.

이번 스크립트는 송강호에 관한 봉준호 감독의 이야기입니다. 왜 그와 함께 여러 번 작품을 하게 되었는지, 그에 대해서 어떻게 생각하는지 봉준호 감독의 생각을 들어 보시죠.

사회자	I know that Song Kang-ho is one of the first people to read the screen play. So I gather that you had him in mind to play the role of the father. Can you talk about why and what you saw in him and how you wanted him to perform? (송강호 씨가 배우들 중에 처음 대본을 읽어 봤다고 들었는데요, 그러니까 송강호 씨를 기택 역할로 배정해 두고 있었다고 볼 수 있겠죠? 송강호 씨의 어떤 점을 봤고, 어떤 연기를 기대했는지 얘기해 주시겠어요?)
봉준호	2017년에 시나리오를 다 써서 드렸는데, 실제로 2014년 즈음에 식사

하면서 얘기한 적이 있어요. "기생충이라는 제목이 좀 이상하죠, 형님? 근데 거기 아버지로 하나 해보죠." 이렇게 애매모호하게 그런 얘기를 했었어요. 첫 장면 오프닝 설명도 조금 했었고. 처음부터 (송강호 씨를) 생각하고 시나리오를 쓴 거죠. 그 지점이 좀 중요한 게 있어요. '이 역할을, 이 주인공

을 이분이 한다'라는 걸 전제하고 이걸 쓰다 보니까, 그게 대사건, 상황이건, 제가 더 과감해질 수 있어요. 마음이 더 편해지고. "이 신은 약간 아슬아슬하지 않을까, 이런 대사가 잘 설득이 될까?" 그런 묘한 불안감이 있었다가도, 이걸 송강호 배우가 하실 거라고 생각하면 훨씬 마음이, 이미 자신감이 생기는 거죠. 이 배우가 가진 설득력과 파워가 있기 때문에.

샤론최　So I actually finished the script in 2017 but I brought up this project over a meal in 2014. I just told him that I'm starting this project called 〈Parasite〉, what a strange title, there's a father character there, I would like you to play it. But I was pretty vague with explaining the story. I did explain the first opening scene. So, I wrote the script knowing that he will play this character. And that's very important when I write a script, knowing that he would play the protagonist.⟨1⟩ No matter what the dialogue is or situations are, I become more bolder as a writer and I feel more comfortable.⟨2⟩ With scenes that I think maybe risky, I know that he will end lines that maybe hard to persuade the audience with.

Even when I feel that anxiety, knowing that Song will play this role, I become more confident. Because I have so much faith in his persuasive power as an actor.

〈1〉 영어식 구조에 맞게 정리

이번 문장도 샤론최의 영어 실력이 보기 쉽게 드러난 문장이에요. "그 지점이 좀 중요한 게 있어요. '이 역할을, 이 주인공을 이분이 한다'라는 걸 전제하고 이걸 쓰다 보니까"라는 말을 메인 문장 "그것이 중요하다" 뒤이어 부사구 1 "대본을 쓸 때" 부사구 2 "그가 주인공 역할을 연기하는 걸 아는 상태로"라고 정리해서 "That's very important / when I write a script, / knowing that / he would play the protagonist"라는 명확한 문장으로 풀어냈죠.

〈2〉 no matter what 사용법

"no matter what"은 부사와 접속사처럼 사용하면 돼요. 즉, 부사라면 그냥 이 세 단어만 넣어서 "I will protect you no matter what(나는 무슨 일이 있어도 너를 보호할 거야)"라고 단어구를 독립적으로 넣으면 되고, 접속사라면 뒤에 주어 동사가 있는 문장이 따라요.

이때 what이 '어떤 일, 어떤 것'을 뜻하는 명사라면 뒤에 동사만 따라오고, what이 '어떤, 무엇'을 뜻하는 형용사라면 what의 수식을 받는 명사가 동사와 함께 와야 합니다.

No matter what happens, we do what we do.

무슨 일이 일어나든, 우리는 우리 할 일을 한다.

Call me when you get there, no matter what the time is.

시간이 몇 시가 되건, 거기 도착하면 내게 전화해.

**No matter what the dialogue is or situations are,
I become more bolder as a writer.**

대본이나 상황이 어떻든지 간에, 저는 작가로서 더 과감해져요.

● **no matter what을 활용하여 영작하기**

ex) No matter what jobs you have, English will help you a lot.

당신의 일이 무엇이든 간에, 영어는 큰 도움이 될 것이다.

(영작) No matter what _____,

_____.

> " *I was just astonished by the amount of details you can see.* "
>
> 보시다시피 엄청난 양의 디테일에 깜짝 놀랐어요.

봉준호 감독은 '봉준호 + 디테일', 그래서 봉테일이라는 별명이 있을 만큼 연출의 모든 디테일을 살피기로 유명합니다. 이에 관해서 봉준호 감독 본인의 생각과 송강호의 반응도 살펴봤어요. 함께 보시죠.

사회자   I came across some of the story boards that you created with the film then I was just astonished by the amount of details you can see. When I look at them, it seems to me that you knew exactly how the film would look like, before shooting. And you can see where you're gonna place the camera, the depth of the shot, the camera angle and the movement. Can you talk about how specific you were, how you visualize and how important it was for you to do exactly what you imagined?

(이 영화 스토리보드를 발견했는데요, 보시다시피 엄청난 양의 디테일에 깜짝 놀랐습니다. 저걸 보면, 감독님이 영화를 찍기 전에 영화의 최종본이 어떻게 나올지를 정확히 아는 것 같아요. 그리고 어디다 카메라를 둘지, 장면의 입체감, 카메라 각도와 모든 움직임을 (스토리보드에서) 확인할 수 있죠. 얼마나 자세하게 하는지, 어떻게 이것들을 영상화했는지, 그리고 상상대로 정확히 연출하는 게 얼마나 중요한지에 대해서 이야기해 주시겠어요?)

봉준호   It's my job!

(그게 제 일인걸요!)

제가 좀 불안증이 많아요. 신경 정신과에 찾아가면 의사 선생님이 항상 하는 말이 불안하고 집착이 되게 강하다고. 약을 먹어 보겠느냐고 많이 권하죠. 근데 스토리보드를 혼자서 쫙 다 정리를 하면 마음이 그래도 좀 편안해지죠. 스토리보드 없이 현장에 가면, 불안해요. 속옷만 입고 광장 한복판에 서 있는 것 같은 불안감이 닥치는 거죠. 그래서 열심히 그려요. 사실 안 그려도 돼요. 스토리보드 없이 영화를, 걸작을 찍는 감독님들도 되게 많아요. 스필버그도 스토리 보드를 거의 안 하신다고 들었는데. 근데 같이 일하는 촬영 감독님이나 스태프들이 되게 좋아하죠. 머릿속에 다 같이 내가 생각하는 이미지를 공유하고, 또 스토리보드대로 거의 다 그대로 찍거든요. 일의 속도도 더 빨라지고. 기능적으로 좋은 면이 있고. 근데 제가 커버리지(연습 촬영)를 안 찍어요. 배우들도 같은 연기 두 번 할 거, 그러니까 어느 정도 머릿속에서 편집된 상태에서 그냥 현장에 나가죠.

샤론최   I have a lot of anxiety. I had a psychiatrist[1] who said that I was very anxious and obsessive and asked me if I would go on a medication. When I meticulously prepare storyboard on my own,

I feel much more comfortable. Without a storyboard on set, I feel very anxious. It feels like I'm standing in the middle of a crowd only wearing my underwear. So I do my best to make sure (that) it's perfect but honestly you don't really need to draw a storyboard. A lot of directors create masterpieces without doing storyboards. I know Spielberg is one of them. But when I have the storyboard, the DP and my crew members really like having the storyboard. Because I can immediately share the image that exists only in my head. And I tend to shoot according to my storyboard so we shoot in a much faster pace. So it's very functional and I don't really shoot coverage. I'm able to portray things that are in my mind.

Words & Phrases
astonish 크게 놀라다
obsessive 사로잡혀 있는, 강박적인
meticulously 꼼꼼히, 세심히
freak 괴짜
improvise 즉흥 연주/연기를 하다, 현장에서 처리하다

사회자   Song Kang-ho, with the director so obsessive and so well-planned, where is your freedom? Is he open to your ideas?
(송강호 씨, 이렇게 계획적이고 강박적인 감독과 함께 하는데, 자유가 있나요? 당신의 아이디어를 들어주나요?)

송강호   저는 콘티의 흐름을 보는 게 아니라, "내가 어디에 나올까?" 히히히. "이 장면은 안 나오네, 오전은 쉬겠구나, 아싸" 그런 식으로 자유를 <u>스스로 찾죠</u>.

샤론최   When I look at Director Bong's storyboard, I don't really look at the overall flow of the story. I just look which scenes I'm in and which shots I'll be in so I realize I'll be able to take a break this morning <u>hurray!</u>(2) So I find the freedom myself.

(관객 웃음과 박수)

봉준호   To be honest I'm not a control freak. I control everything but⋯
(저는 통제충은 아닙니다. 모든 걸 통제하긴 하지만⋯)
배우들이 즉흥 연기하는 것도 좋아하고, 기대해요. 뭔가, 내가 예상치
못한 걸 배우 분들이 보여 줄 때 가장 짜릿하죠. 감독 입장에서.

샤론최   So I'd like to give my actors a lot of freedom, I love it when
they improvise and I actually expect them to. When they show
me something that I never anticipated, that's the most exciting
moment as a director.

〈1〉 병원 진료 과목

psychiatrist 정신과 의사

psychiatric 정신 의학의

psychology 심리학, 심리

physician (일반적으로 통칭하는) 의사, 내과 의사

surgeon 외과 의사

ENT 이비인후과 (ear, nose, throat)

otolaryngologist, ENT doctor 이비인후과 의사

pediatrics 소아과

gynecology 부인과

obstetrics 산과

urology 비뇨기과

ophthalmology 안과

〈2〉 "만세"를 영어로

이것을 영어로 쓰기 전에, 어떤 의미에서 쓰는지 먼저 알아야 합니다. "만세"는
두 가지 용도로 쓰이죠!

● 만수무강하십시오! 대왕 폐하 만세! 대한독립 만세! 의 경우

Long live! 오래 사십시오, 오랫동안 지속하라!

ex) Long live the King! Long live Korean independence!

● (기쁨의 환희로써) 만세! 아싸!

hurray, hooray, yippee, cheers!

I was just astonished by the amount of details you can see.
보시다시피 엄청난 양의 디테일에 깜짝 놀랐어요.

● be astonished 표현을 활용하여 영작하기

ex) I was astonished when I saw the room messed up by the baby.
아기가 어질러 놓은 방을 보고 놀랐다.

(영작) _____ astonished _____.

송강호의 캐릭터 맞춤 연기

> **" That's a sort of animalistic instinct he has as an actor. "**
>
> *그게 배우로서 갖고 있는 일종의 동물적인 감각이다.*

이번 인터뷰는 송강호의 연기, 그중에서도 다른 배우들과의 호흡에 관한 것이에요. 〈기생충〉은 SAG 어워드의 앙상블상을 받은 만큼 배우들 간의 호흡과 조화가 좋다고 인정받았죠. 송강호과 봉준호 감독의 생각을 들어 보시죠.

사회자   Song Kang-ho, you are a huge star in Korea and you have fans all over the world. I have been watching you for over 20 years, haha. I am just so impressed that you often play everyday man in a very understated way. You don't draw attention to yourself. In this case, you have to be in an ensemble. And sometimes when you are in a supporting role, you don't overpower. For example, you did a phenomenal[1] job in 〈Secret Sunshine〉. And I want to know how you try to tone down or make sure your stardom doesn't overpower the film.

(송강호 씨, 당신은 한국에서 스타이고, 전 세계에 팬이 있어요. 저도 당신을 20년간 지켜봐 왔습니다. 하하. 당신이 종종 매우 절제된 형식으로 평범한 남자를 연기해서 매우 감명받습니다. 관심을 자신에게로 끌어오지 않죠. 이 영화의 경우에는 팀 앙상블을 해야 했죠. 그리고 가끔 당신은 조연 역할을 하는데, 나서지 않습니다. 예를 들면, 영화 〈밀양〉에서 굉장한 역할을 했어요. 당신이 어떻게 톤 다운을 하고, 스타덤이 영화에 나쁜 영향을 끼치지 않도록 조절하는지 궁금합니다.)

송강호 봉준호 감독한테 제가 첫 번째로 한 얘기가 이렇게 앙상블 연기를 할 수 있는 이 작품이 너무 반갑고 이런 작품을 한 지가 굉장히 오래된 것 같다, 그 전에는 혼자서 막 한 작품을 끌고 가는 그런 영화들을 많이 하다가 이번엔 여러 배우들, 훌륭한 배우들하고 같이 앙상블 연기를 하고 그런 작품에 출연하게 되어서 너무 고맙다, 이런 말씀을 드린 적이 있어요. 〈기생충〉이라는 작품을 통해가지고 느낀 점이 있다면, 좋은 연기라는 것이 작고 뒤에 있을 때 오히려 내 자신을 더 객관적으로 볼 수 있고, 그래서 연기도 더 좋아진다는 그런 발견을 하게 됐죠. 그래서 참 귀한, 소중한 경험이었던 것 같습니다. 근데 그렇게 너무 열심히 그런 쪽으로(팀웍) 연기하다 보니까, 한국에서 상을 하나도 못 받았어요, 이 작품으로. 그래서 결론은, 적당히 앞서 가야겠구나, 적당한 선에서 해야겠구나… 이런 생각을 하게 됐습니다.

샤론최 One of the first things that I told director Bong about this project, is how happy I was to act in an ensemble in a film. It's been a very long time since I've participated in a story like this. Before this

film, I've become very <u>used to</u> <(2)> being in
a lead actor, driving narrative on my own.
But with 〈Parasite〉, I was able to act along
with amazing actors in ensemble so I was
very grateful. Something that I felt and
discovered through doing 〈Parasite〉, is
that when you play a small role and when
you are sort of in the back seat, you are
able to really objectively look at yourself
and give even better performances. That's
something that I was able to discover and
so I consider this film a very precious and

rare opportunity for me as an actor. But because I tried so hard
to melt into this ensemble, I did not receive any awards in Korea
for this film. So, the conclusion that I reached is that I do need to
be on the forefront to some the most appropriate degree.

(관객 웃음)

봉준호 방금 말씀하신 것의 완벽한 예가 있는데 〈밀양〉에 보면, 교회에서
전도연 씨가, 그러니까 여주인공이 막 통곡하며 우는데 그 뒷줄에
강호 선배가 앉아서 있는 장면이 있는데, 그때 이창동 감독께서 여기
앉아 보라고 했는데, 강호 형께서 보시고, "아니다, 한 줄 더 뒤로 갈 것
같다. 종찬이(극중 이름) 같으면 하나 더 뒤로 가겠죠?" 약간 포커스가
뿌얘지는 공간인데, 거기로 스스로 제안을 하신 거죠. 그런 게 어떻게

보면 그 인물에 대해서 배우가 가지고 있는 동물적인 감각이나 판단 같은 것이 아닐까.

샤론최 Perfect example of that is in the film you just mentioned 〈Secret Sunshine〉 by Lee Chang-dong and there is a scene at a church where the main female protagonist is sobbing there. And you see his character sitting at the back of the church and the director suggested that he sat here but Song actually suggested that this character would actually sit even further back in the church. That was a point where he would sort of be out of focus but he still suggested that this character would sit here. That's a sort of animalistic instinct he has as an actor and that's kind of understanding for his characters.

〈1〉 phenomenal 연관 단어

phenomenal 경이로운
phenomenally 경이적으로, 극도로
phenomenon 현상, 경이로운 것/사람
phenomenological 현상학적인, 현상론의
phenomenology 현상학
phenomenolism 현상론, 현상주의

〈2〉 헷갈리는 used to 잡기

use는 "사용하다"인데 'used to RV(동사 원형)'은 "RV 하곤 했다"예요. 과거에는 했지만 현재는 하지 않는 행동을 표현할 때 씁니다. 반면, 'be used to N(명사)'에서 to는 전치사이고 다음에 명사가 오며 "N에 익숙하다"가 됩니다. to 부정사가 아니라 전치사라는 것에 주의! 비슷하게 'get/become used to N(명사)'는 "N에 익숙해지다"입니다.

I used to play soccer. 예전엔 축구를 했었다(축구를 하곤 했다).
I became used to the new house. 새 집에 적응했다.

I've become very used to being in a lead actor,
driving narrative on my own.
이야기를 혼자 이끌고 가는 주연에 익숙해 있었어요.

● become/get/be used to 를 활용하여 영작하기
ex) I never get used to durian's smell.
나는 두리안의 냄새에 절대 익숙해지지 않는다.

(영작) _____ used to _____.

> **" It's very stupid black comedy
> and it was a box office disaster. "**
> 정말 허접스러운 블랙 코미디였고 영화계의 재앙이었어요.

이번 영상은 〈콜라이더〉라는 미국의 영화, 드라마 비평 미디어에서 가진 공개 인터뷰입니다. 여기서 봉준호 감독과 송강호와의 만남에 관해 이야기 하는데요, 신인이었던 봉준호 감독이 어떻게 송강호와 함께 영화를 시작하게 되었는지 알아보시죠.

사회자 Song, this is your 4th film with director Bong. How has your relationship evolved? And <u>what makes director Bong a great director?</u>[1]

(송강호 씨, 이번이 봉 감독과 네 번째 영화인데요, 봉 감독과의 관계가 어떻게 발전했나요? 그리고 어떤 면에서 봉 감독이 훌륭하다고 생각하나요?)

송강호 한 20년 됐죠. 근데… (봉 감독님의) 데뷔작이 흥행은 굉장히 잘 안

됐는데, 저는 굉장히 재미있게 본 기억이 납니다. "이렇게 재미있는 영화를 찍을 수 있는 사람하고 작업을 해보고 싶다"라는 생각을 가지고 있었는데, 그게 금방 기회가 올 줄은 몰랐죠. 여러분들 잘 아시는 〈살인의 추억〉이란 영화를 통해 하게 됐고, 20년을 같이 오게 됐습니다.

샤론최 So, we've been working together for the past 20 years and director Bong's first feature film flopped box office-wise.(2) But I really enjoyed the film and I wanted to work with him who can create such an amazing film. I didn't realize the opportunity would come so soon. 〈Memories Of Murder〉 was the first film we worked on together.

봉준호 제 데뷔작이, 제목도 좀 되게 바보 같은⋯ 〈Barking Dogs Never Bite(짖는 개는 물지 않는다, 한국어 판 영화 제목: 플란다스의 개)〉라고, 강아지 연쇄 살인? 시리얼 킬러 얘기인데⋯.

샤론최 My first feature film has a very domb title, 〈Barking Dogs Never Bite〉. It's about a puppy serial killer.

봉준호 It's very stupid black comedy and it was a box office disaster. (정말 허접한 블랙 코미디였고 영화계의 재앙이었어요.)

(관객 웃음)

그래서 제가 두 번째 영화를 찍을 수 있나 없나, 생계를 걱정하며 안개 속, 암흑 속을 헤맬 땐데, 그때 "진짜 연쇄 살인 얘기를 해보자", 그래서 〈살인의 추억〉을 열심히 준비해서 송강호 선배한테 시나리오를 드렸죠. 조마조마한 마음으로. 강호 형님은 그때 이미

엄청난 슈퍼스타였고. 강호 선배가 캐스팅되는
덕분에 영화도 파이낸싱(제작비 지원)도 되고,
제가 영화를 계속 찍을 수 있었던 거죠.

Words & Phrases

whether (or not) ~인지 아닌지
foggy 안개 낀, 뿌연
mist 안개, 분무
finance 재정, 자금

샤론최 So I was very worried on whether or not
I can be able to create a second film and
whether I can earn a living. I felt lost in a
foggy mist. So this time, I decided to tell a story about a real
serial killer and I handed the script to Song, feeling very anxious.
Thankfully, he liked the story. At that time, he was a huge star in
Korea. Thanks to him joining the cast, I was able to finance the
film and I was able to continue my film making career.

사회자 Way to go. It's a great partnership. Bravo! Wonderful, fantastic!
(그렇군요! 멋진 파트너입니다. 브라보!)

〈1〉 기본 동사를 이용한 인과 관계 표현

What makes director Bong a great director?
어떤 면에서 봉 감독이 훌륭하다고 생각하나요?

이 문장을 직역한다면 "무엇이 봉 감독을 훌륭한 감독으로 만들었나요?"가
됩니다. 이 문장이 묻고자 하는 건 봉준호 감독의 어떠한 특성, 어떠한 부분이

훌륭한 감독임의 이유냐는 것이죠. 이것을 "In what part, do you think him a good director?"라고 하지 않고, 원어민들은 기본 동사인 make의 성질을 이용해서 간편하게 인과 관계를 표현합니다. 우리가 영어 회화 및 영어식 사고에 더 익숙해지려면 make, have, let, take 등의 기본 동사들을 편하고 자유롭게 쓸 수 있는 것이 가장 중요합니다!

My mom made me a doctor. 어머니는 나를 의사로 길렀다.

My father made me a chair. 아버지가 나에게 의자를 만들어 주었다.

My passion makes me relentless. 내 열정이 나를 끈질기게 만든다.

〈2〉 -wise 가 회화에서 쓰일 때

wise라는 단어는 '현명한'이란 뜻 외에, 회화에서 어떤 단어 뒤에 붙이면서 '~방면으로'라는 뜻을 만들어요. 대표적으로 likewise '마찬가지로'가 있고, businesswise '사업적으로', box-office-wise '흥행적으로'까지 쓰이고 있어요.

Mac's Pick

What makes director Bong a great director?
어떤 면에서 봉 감독이 훌륭하다고 생각하나요?

● make 표현을 활용하여 영작하기
ex) What made you so tall?
어떻게 키가 그렇게 컸어?

(영작) What makes/made _____?

" *I think that process itself influences my writing.* "
그 과정이 글쓰기에 영향을 줍니다.

이번 대화에선 봉준호 감독이 〈기생충〉의 각본을 쓰게
된 기간, 흐름, 생각에 대해서 얘기해요. 〈기생충〉은 특히
후반부로 갈수록 예측할 수 없게 진행되는데, 이건 봉준호
감독이 어떤 생각을 하며 쓴 것일까요? 또한 어떤 환경에서
각본을 쓰고, 영감을 받은 걸까요?

사회자   What inspired you? How long did it take you to write this and
how long ago did you write?
(어디서 영감을 받았는지, 각본을 언제 얼마나 썼는지 말씀해
주시겠어요?)

봉준호   It was 2013 during$^{(1)}$ the post production of 〈Snowpiercer〉.
(2013년 〈설국열차〉 후반 작업을 할 때였어요.)
그것(〈설국열차〉)도 사실 부자와 가난한 자가 나오고, 그런 얘기잖아요,

SF이긴 하지만. 그때 이미 그런 주제에 좀 붙잡혀 있었는지⋯. 2015년에 이미 15페이지 정도 스토리라인을 썼어요. 그리고 제작사랑 그걸로 협의를 봐가지고. 그때는 (스토리에) 지하실이 없었어요. 지하실 커플, 벙커 이런 게 다 없었죠. 그냥 부자, 가난한 자 두 가족만 있었죠. 2017년 가을에 제가 4개월간 직접 시나리오 쓸 때, 그때 다 나왔어요. 방금 얘기한 것, 영화의 세컨 하프의 모든⋯. 그 세 번째 가족이 나옴으로써 영화의 모든 스트럭처들이 짜여지게 된 건데, 그게 막바지에 좀 급하게 다 나왔어요. 마지막 석 달 정도에⋯.

샤론최 ⟨Snowpiercer⟩, although it's a Sci-Fi film, is about the rich and poor. I was much captivated by that theme. And I wrote a 15 page treatment in 2015 and with that, I agreed with the production company to make this project. But at that time, I didn't have the bunker, the couple or the secret basement. I only had the rich and poor family. In the fall of 2017, I spent 4 months actually writing the script. And that's when all the things came to me, everything about the 2nd half of the film and the 3rd family. So with that, I was able to come up with the entire structure of the film. It all came to me towards the end around the last 3 months.

사회자 Director Bong, the ending of this film, it's really out-there. Was it always the plan to end the film this way? Was this always the ending from the beginning?

(봉 감독님, 이 영화의 엔딩이 기가 막힙니다. 이렇게 끝을 내기로 계획한 건가요? 처음부터 이렇게 정해졌나요?)

봉준호 ⟨마더⟩라는 영화가 있었는데, 그것 같은 경우는 처음 한 페이지짜리 시놉시스를 쓸 때부터 이미 라스트 신이 정해져 있었고, 그 라스트 신을 향해서 앞의 두 시간을 만든 듯한, 그렇게 달려가는 시나리오 라이팅이 있기도 한데요. 이 경우(〈기생충〉)는 좀 달랐어요. 아까 말씀드렸던 그 마지막 3개월, 영화의 후반부를 폭포처럼 써나가기 시작한 그 마지막 3개월에 대부분 모든 게, 엔딩도 그렇고, 그때 써나가면서 정리해 나간 거예요. 10페이지 이후에 이게 어떻게 될지를 저도 잘 모르면서 쓴 그런 시간들도 많았어요.

샤론최　With my previous film 〈Mother〉, the last scene was already determined from the one page synopsis that I had. So my entire writing process felt like I was creating the two hours, I came before, for that last scene. And that was how I wrote the script but 〈Parasite〉 was different. As I mentioned with 〈Parasite〉, the 2nd half of the film all came to me in the last 3 months of script writing. It all just came to me like a waterfall. I didn't have the ending at that time. I was basically creating the story as I was writing it. Even I didn't know what would happen 10 page afterwards.⟨2⟩

(관객과의 대화 중)

관객질문　감독님은 일상생활 중 어디에서 자극을 받거나 영감을 받나요?
봉준호　제가 시나리오를 쓸 때 좀 이상한 습관이… 안 좋을 수도 있는데, 카페나 커피숍에서 시나리오를 써요. 하루에 커피숍 네 군데 정도를 이동하면서, 한 시간 반 정도씩 두 시간씩 쪼개서 그렇게 쓰는데 그 과정이 이상하게 좀 영향을 주는 것 같아요. 그 과정에서 많은 주변 사람들을 보게 되죠. 특히 이런 한국을 배경으로 한 한국 캐릭터들이 나오는 영화에서는 뭔가 자극을 받는 게 있는 것 같아요. 커피숍에서 사람들이 말하는 거. 일부러 엿듣진 않는데 들려오니깐. 그다음 1번 커피숍에서 2번 커피숍으로 갈 때 길에서 마주치는 사람들, 이런 것들이 의외의 이상한 자극들을, 영감들을 주는 것 같아요.

샤론최　I have a very strange habit when I'm writing scripts. I always go to coffee shops to write. I move around 4 coffee shops a day, 2 hours each to write. And I think that process itself influences my writing. So, in that process I ended up encountering a lot of people around me. In particular for films about Korea with Korean characters, that was quite important because in the coffee shop, I would just end up listening to conversations that other people have. It's not as if I intend to eavesdrop but it just happens. And when I'm moving on to the next coffee shop, I would encounter all these people on the street. I think just surprisingly they end up becoming very inspirational for my stories.

〈1〉 during과 for 구별하기

during과 for은 둘 다 '~동안'이라는 뜻으로 기간을 나타낼 때 써요. 그런데 for 뒤에는 숫자가 들어가는 기간이 들어가고, during 뒤에는 기간의 때와 명칭이 들어가요

> ex) during the holiday, during the vacation, during the weekend
>
> for 3 days, for one hour, for 2 years

〈2〉 later = afterward(s) / after

afterwards와 later는 거의 차이가 없기 때문에 함께 쓰면 됩니다. 이 두 가지는 단독으로 쓰이는 부사예요. 반면 after는 명사를 수반하는 전치사로써 많이 쓰입니다.

> We're going out to eat later. 우리는 있다가 밥 먹으러 나갈 거야.
>
> Afterwards, he said that to me. 잠시 후 그가 나에게 그것을 얘기했다.
>
> We'll have some coffee after lunch. 점심 먹고 커피 마실 거야.

Mac's Pick

I was basically creating the story as I was writing it.
말 그대로 써가면서 스토리를 만들고 있었어요.

● 동시 동작 as를 활용하여 영작하기

ex) I was singing as I was driving
운전하면서 노래를 하고 있었어요.

(영작) _____ as _____.

> **" In a way, while they're committing crime,
> they seem so adorable. "**
>
> 뭐라 해야 할까? 나쁜 짓을 하는데 귀엽다고 할까?

〈기생충〉은 스릴러적인 긴장감과 몰입감을 충분히 주는 영화입니다. 그렇게 영화에 흠뻑 빠졌다가 시간이 지나면 이 영화 깊은 곳에 자리잡고 있던 부와 빈, 선과 악, 희와 비 등이 교차하며 계속해서 생각을 붙잡게 되죠. 봉준호 감독과 송강호는 이에 대해서 어떻게 얘기하는지 함께 보시죠.

사회자　It actually made me think, if you had thought you were gonna play one end of the spectrum, either the rich family or poor family, the truth is, that you wrote both families in a very even-handed way. Meaning, they both have moments of being heroes and they both have moments of being villains. Maybe talk a little bit about writing that kind of, - I see even handed- but obviously there's huge jumps. How did you create that?

(저는 그런 생각이 들어요. 부의 스펙트럼의 양 끝, 부자와 빈자를 연출하려고 했을 때, 양쪽을 아주 공평하게 쓴 것 같아요. 제 말은, 양쪽 모두 영웅이 되기도, 악당이 되기도 하죠. 공평한 가운데서 큰 변화가 있는, 그런 것을 쓴 것에 대해서 얘기해 주세요. 어떻게 한 거죠?)

봉준호   송강호 님이나 가난한 가족들이… 사실 나쁜 짓을 하는 거죠. 사기를 치는 것이기도 하고. 근데 미워하기는 쉽지 않고 좀 어려운… 뭐라 해야 할까? 나쁜 짓을 하는데 귀엽다고 할까? 위험한 발언이긴 하지만요. 그리고 정당화시키는데 되게 천재적이에요. 이들이 보면은. 그 아들내미가 그러잖아요. "이게 사기가 아니고, 내년에 이 대학 갈 거 거든요." 이런 대사를 서슴없이 막 하잖아요. 그런 얘기를 듣다 보면 저도, "어, 정말 그렇네. 범죄가 아니네"라는 생각을 하게 되는 이상한 마력이 있죠.

샤론최   So to be honest, the character that Song plays in the poor family, they <u>do</u>^{⟨1⟩} commit bad things. They are con-artist in the story. But it's very difficult to hate them. In a way, while they're committing crime, they seem so adorable. So, those characters are geniuses at justifying themselves. At one point, the son says that next year, he will attend that university and he doesn't hesitate to say that. And watching that character, even I was convinced that "Oh yeah, he's not committing a crime." They have that strange charm.

(관객 웃음)

| 사회자 | Mr. Song, when you were developing the different persona for the film, how do you make sure that you weren't too heroic in your struggles? There's also a dark side in your character. |

Words & Phrases

even-handed 공평한
even-handedly 공평하게
commit 저지르다, 의사를 밝히다
con-artist 사기꾼
con 속임수, 사기를 치다
adorable 사랑스러운
persona 캐릭터의 정체성
struggle 투쟁, 허우적거리다

사회자 Mr. Song, when you were developing the different persona for the film, how do you make sure that you weren't too heroic in your struggles? There's also a dark side in your character.

(송강호 씨, 영화에서 다른 캐릭터를 형성할 때, 격한 상황에서 대놓고 영웅적인 캐릭터가 되지 않도록 어떻게 조절하나요? 캐릭터 안에 있는 어두운 면까지 같이 보여 주잖아요.)

송강호 사람이라는 게, 여러분도 마찬가지겠지만, 어떤 삶이든 다 희노애락을 가지고 있는 것 같아요. 가장 희극적일 때 비극이 동시에 존재하고, 가장 비극적인 속에서도 희망과, 유머와 아이러니가 발생되는 게 인생이 아닐까. 저는 그런 생각을 가지고, 〈기생충〉이란 작품과 제가 맡은 기택의 연기를 자연스럽게 하지 않았나. 그런 노력을 했던 것 같습니다.

샤론최 So, I think this is the case for everyone. No matter what kind of lives we lead, I think our lives are always a mixture of suffering, enjoying, sadness and happiness. Even in our most comedic moments, there's always tragedy, and tragedy always involves humor, hope, irony as well. That's how I think of life. So, that's how I approached this film and this character, 기택.

〈1〉 동사 앞에 do를 써서 강조하기

여기서 봉준호 감독은 "사실 나쁜 짓을 하는 거죠"라고 분명히 그것은 나쁜 짓이고, 나쁜 짓을 한다는 의미를 넣어서 말했어요. 이렇게 "어떠한 행위를 분명히 했다"라고 말할 때, 영어에서는 동사 앞에 do를 씀으로써 간단하게 강조할 수 있습니다.

They do commit bad things.
그들이 나쁜 짓을 분명히 하죠.

● **do 표현을 활용하여 영작하기**
ex) He did fart in front of me!
그 사람 진짜 내 앞에서 방귀 꼈어!

(영작) _____ do/did/does _____.

> " *Everyone across the world have been very enthusiastic over this film and showed similar responses.* "
> 모든 나라 사람들이 다 같은 반응, 보편적인 뜨거운 반응이 있었다.

〈기생충〉은 초기에 외국에서 큰 흥행을 그리 기대하지 않았던 것으로 보입니다. 예술적 가치로써 상을 받는 것까지는 조금 생각했겠지만요. 그래서 짜파구리, 반지하 등 한국에만 있는 요소들을 넣어 놓고 한국인들이 공감하면서 볼 수 있도록 생각했죠. 그런데 해외에서 이 뜨거운 반응은 어떻게 된 것일까요?

사회자　I wanna thank you for bringing this to us. I mean, the timing, thematics (thematic role) of the film, It's an impossible film to describe but at the end of the day it feels very timely and very relevant.[1] And I just wondered as a last thought, if you could speak a little bit about this idea that the end of civil society, end of normalcy between humans is also somehow tied to the stage of capitalism that we've arrived at seems to be taking away our humanity.

(이 영화를 만들어 주셔서 감사하다는 이야길 하고 싶어요. 이 영화가 나온 현재 시점과 주제가 설명하기 힘들지만 결국엔 매우 시의적절한 것 같아요. 마지막으로 도시 사회의 종말, 사람들 사이의 정상 상태가 끝나는 이 시점이 우리가 살고 있고, 우리의 인간다움을 앗아가는 자본주의의 현 단계와 연결된 것에 대해서 한 말씀을 해주실 수 있을까 합니다.)

봉준호 　여러 나라 관객들을 만났을 때, 칸에서도 그렇고, 반응들이 "어, 이거 우리나라 얘기 같은데? 우리나라 사람과 로케이션(장소) 바꿔서 해도 될 거 같은데?" 나라마다 다 똑같은 그런 얘기를 여러 관객들이 했었어요. 내 개인적으론 사실 영화가 그다지 유니버설(세계 공용적인) 하지 않을 것 같다고 생각했어요. 처음에 영화를 찍을 때 제가 〈옥자〉 나 〈스노우피어서〉(설국열차) 같은 잉글리시 랭귀지 영화를 8~9년간 하다가 이걸 한 것이었기 때문에. "오랜만에 한국어로 찍으니까 신난다! 외국 사람들은 잘 캐치 못 하는 이상한 디테일들을 잔뜩 집어 넣고, 우리끼리 즐겨야지" 이런 이상한 마음까지도 있었어요.

샤론최 　When we screen this film in various countries, all the audience members would talk about how this is exactly what's going on in their home countries. If they change the locations and characters to be set in their own nations, it would be exactly the same. That's something that we've heard all the time. But personally when I was shooting this movie, I thought that it wouldn't be so universally accepted. Because I spent a decade working on English language films like 〈Okja〉, 〈Snowpiercer〉. I was very excited to work on a full Korean movie again. I wanted to fill this movie with strange, very Korean-details that maybe international audiences wouldn't understand as well and just enjoy amongst Koreans.

Words & Phrases

civil 시민의, 민간의

normalcy 정상임, 평범한 상태

decade 10년

ultimate 궁극적인, 최고의

ultimately 궁극적으로, 근본적으로

enthusiastic 열렬한, 열광적인

conclusion 결론

separate 구분하다

current 현재의

봉준호   근데 결과적으로는 모든 나라 사람들이 다 같은 반응, 보편적인 뜨거운 반응이 있어서 왜 그럴까 생각해 봤는데 나라를 구분하는 것 자체가 별로 의미가 없다는 결론에 도달했어요. 거대한 자본주의라는 하나의 나라에 살고 있다, 우리가…. 그것이 좋은 뜻이건 나쁜 뜻이건 간에.

샤론최   But ultimately everyone across the world, <u>have been very enthusiastic over this film and showed similar responses.</u>(2) I wondered why and the conclusion that I came to is that there is really no point in separating borders or countries any more. We all live in this one giant nation of capitalism in our current times.

봉준호   But very recently I recognized that the very opening sequence of the movie, two young boy and girl they were seeking for wi-fi.

(그런데 제가 최근에 깨달은 건, 영화 시작 부분에서 두 청년 남녀가 와이파이를 찾고 있죠.)

그 순간 모든 게 다 유니버설해진 거죠.

샤론최   And I think at that point, it all becomes universal.

봉준호   We're all looking for wi-fi.

(우리는 모두 와이파이를 찾습니다.)

(관객 웃음)

사회자 Yeah, that's the subtitle, ⟨Parasite, looking for wi-fi.⟩
네, 그게 제목이네요. ⟨와이파이를 찾는 기생충.⟩

⟨1⟩ '관계'의 의미 rele 연결 어원 익히기

relevant 관련 있는, 적절한

relevancy 적합성

relevance 적절, 타당성

relate 관련시키다, ~에 대해 이야기하다

related 관련된, 동류의

relative 비교상의, 상대적인

relation 관계, 친척

⟨2⟩ have PP 용법 정리

have + PP(동사 분사)는 한국어에는 없는 동사의 시제 표현 형식으로, 다양하게 해석될 수 있어요. 스크립트에 쓰인 'have + pp' 용법은 일반 과거 동사로 해석하면 자연스러워요. 일반 과거 동사와 다르게 해석되는 부분만 이번 기회에 정리해 봐요.

● 경험

Have you ever been to New York? 뉴욕에 가본 적 있니?

● 결과 (현재까지 영향을 미침)

He's gone. 그는 떠났다(떠나 버려서 지금 없다).

● 계속 (현재까지 하고 있음)

I have lived in Seoul for 10 years. 나는 10년째 서울에 살고 있다.

There is really no point in separating borders
or countries any more.
나라를 구분하는 게 더 이상 의미가 없다.

● **no point in ~ing 표현을 활용하여 영작하기**

ex) There is no point in saving money if you gamble again.
도박을 또 한다면 돈을 아끼는 의미가 없어.

(영작) There is no point in _____.

> **" That set-up itself was so fascinating to me and that's why I began the project. "**
>
> 그 콘셉트 자체에 완전히 매혹이 됐죠. 그래서 시작하게 된 영화입니다.

이번 이야기는 봉준호 감독의 첫 영어 및 외국인 캐스팅 영화인 〈설국열차〉입니다. 〈캡틴 아메리카〉의 크리스 에번스, 〈나니아 연대기〉의 틸다 스윈턴 등이 합류했고, 그들이 돼지머리를 앞에 두고 고사를 지내며 함께 촬영하는 모습이 화제가 됐었죠. 영화도 흥행에 성공했었습니다. 이 영화는 어떻게 시작하게 된 건지 이야기를 들어 보시죠!

사회자   Tilda Swinton there, there's also Chris Evans, a lot of people who were big fans of yours from the American film industry who now were getting to work with you for the first time. I guess I wonder what made you even open to the idea of making an English language film with Hollywood actors.

(틸다 스윈턴, 크리스 에번스 등 봉준호 감독의 팬이었던 미국

배우들이 처음으로 함께 일하게 되는데요. 감독님이 어떻게 할리우드 배우들과 영어 영화를 만들게 되었는지 궁금합니다.)

봉준호   뭐, 캡틴 아메리카를 저렇게 지저분하게 만들려고 영화를 한 건 아닌데, 어쩌다 보니 저렇게 된 건데. 아시잖아요, 저게 프랑스 만화, 〈설국열차〉라는 그래픽 노블(만화 중 비교적 무겁고 진중하다고 분류되는 장르)을… 제가 만화광 이예요. 만화를 많이 보는데. 한국의 한 서점에서 그걸 발견하고 되게 매혹이 된 거죠. 그게 콘셉트 자체가 너무 독특해요. 인류의 생존자들이 달리는 기차 안에 타고 있다는 무척 독특한 설정인데. 또, 앞쪽 칸은 부자들이, 뒤쪽 칸에 가난한 사람들이 있다는 설정이라서. 그 콘셉트 자체에 완전히 매혹이 됐죠. 그래서 시작하게 된 영화인데.

샤론최   So, I didn't create the film to make Captain America look so ragged. That's not why. But as you know, the film was based on a French graphic novel. And I'm a huge fan of comic books and graphic novels. I read a lot of them. When I discovered it in a bookstore randomly, I was so fascinated by it because of its very unique concept. It's about humanity's last survivors on a running train with the rich class on the front cars and the poor in the tail section. That set-up itself was so fascinating to me and that's why I began the project.[1]

봉준호   그래서 이게 뭐 '할리우드 진출을 한다, 할리우드 영화를 한다' 이런 개념은 사실 아니었던 거고, 이게 인류의 생존자들이 기차에 있는 거니까. 근데 그 인류의 생존자들 캐릭터가 전부다 남한, 북한 사람들로 채워져 있으면 이상하잖아요. 그래서 자연스럽게 국제적인 캐스팅을, 미국, 유럽, 아시아 배우들이 다 뒤섞이는 캐스팅을 할 수밖에 없었던 거였고. 사실은 한국 영화예요. 잉글리쉬 랭기지 배우들이 캐스팅 돼 있는. 제작사나 투자사, 스튜디오는 다 한국 회사였죠.

Words & Phrases
rag 넝마, 누더기
ragged 누더기가 된, 누더기의
fascinate 매혹시키다
unique 독특한, 유일한
humanity 인류
humane 인간적인, 인도적인, 잔혹하지 않은
end up 결국 ~하게 되다
gather 모으다
evitable 피할 수 있는

샤론최   For me, it wasn't about doing a Hollywood film. The film was about humanity's last survivors on a train and it would be very strange to have only South and North Koreans on that train. So very naturally, we ended up gathering international cast from the U.S., Europe and Asia. It happened very inevitably. Actually it's a Korean film with English cast because production company and the financers were all Korean.

Zoom Up!

〈1〉 관계 부사 why

앞에서 관계 대명사 that, what의 쓰임을 봤어요. that은 사람을 가리킬 땐 who, whom으로 쓰이고, 사물을 가리킨다면 which로 바뀌어 쓸 수 있어요. 자, 이번에는 관계 부사 where, when, why, how 중 why를 익혀 봄으로써 관계 부사의 개념을 이해할 수 있어요. 관계 대명사는 두 문장에 서로 관계되는 하나의 단어를 이용해서 두 문장을 하나로 만드는 문법 용어였죠. 관계 부사는 여기 해당하는 관계사 단어가 한 문장에서 부사로써 쓰이기 때문이에요.

"I run fast"에서는 fast가 동사를 수식하는 부사입니다만 "I run with her"에서는 with her이 동사를 수식하는 부사구죠. 이렇게 전치사 + 명사 안의 명사가 두 개의 문장에 들어 있을 때 부사구를 통째로 관계 부사로 바꾸며 한 문장으로 합칠 수 있습니다.

Money is the <u>reason</u>. 돈이 그 이유이다.
I work hard <u>for the reason</u>. 나는 그 이유 때문에 열심히 일한다.

이 두 문장이 합치려면 reason을 관계 대명사 which로 바꾸면 됩니다. 그래서, "Money is the <u>reason which</u> I work hard <u>for</u>"가 됩니다. 여기서 for를 which 앞으로 옮길 수 있어요. 그러면 "Money is <u>the reason for which</u> I work hard"가 됩니다. 여기서 한 번 더, for which를 why로 바꿀 수 있어요. 바로 관계 대명사에서 관계 부사로 바뀌는 순간이죠. 그러면 "Money is <u>the reason why</u> I work hard(돈은 내가 열심히 일하는 이유이다)"가 됩니다. 참고로 여기서 reason이나 why 둘 중 하나를 생략할 수 있어요.

Mac's Pick

I didn't create the film to make Captain America
look so ragged.
캡틴 아메리카를 저렇게 지저분하게 만들려고 영화를 한 건 아니에요.

● 'make + 감각 동사'를 활용하여 영작하기
ex) I will make you feel good again. 네가 다시 기분이 좋도록 할거야.
The drum beat made the music sound more powerful.
그 드럼 비트가 곡을 더 힘 있게 만들었다.

(영작) _____ make/made _____.

" *She introduced me to the family as a tutor for another subject.* "

그녀가 저를 다른 과목 선생으로 소개시켜 준 거죠.

〈기생충〉의 스토리는 크게 보자면 가난한 집의 청년이 부잣집에 과외를 하러 가면서 시작됩니다. 대부분의 영화가 작가의 감명에서 시작되는데, 〈기생충〉의 스토리는 어디서 아이디어가 온 것일까요? 봉준호 감독의 경험이 영화와 흡사한 부분이 너무나도 커서 이 에피소드도 정말 재미있습니다.

사회자   〈Parasite〉, it seems like on the one hand, kind of the disparity between the haves and have nots. It's always been a problem but it feels particularly timely now in this country and I gather also in Korea. When did you first start thinking about making a film of this subject?

(〈기생충〉이란 영화는 한편에서는 양극화를 말하는 것으로 보여요. 항상 문제가 되어 왔던 거죠. 그런데 특히 이 나라(미국)에 시기 적절한

것 같고 한국도 그렇다고 봐요. 언제 처음으로 이 주제로 영화를 만들 생각을 했나요?)

봉준호 공교롭게도 2013년 겨울에 처음 구상을 했었더라고요. 아이디어를 처음 떠올렸었고. 그때가 〈Snowpiercer〉(설국열차) 포스트 프로덕션 (촬영 후 편집 작업)할 때였던 것 같아요. 어떻게 보면 좀 연결되는 주제잖아요? 부자와 가난한 자가 〈설국열차〉에서도 나왔었고. 근데 SF 액션 이런 장르(설국열차)가 아니라, 정말 내 주변에서 볼 수 있을 것 같은 사람들, 되게 현실적인 인물들로 비슷한 주제를 풀어 나가고 싶었어요.

샤론최 So, coincidentally I first came up with the idea for this film in the winter of 2013, which is when I was working on the post production of 〈Snowpiercer〉. The themes are connected. They are both about the rich and poor. But I wanted to explore similar theme, not through Sci-fi action but through characters that I can see around me in my daily life.

사회자 I'm curious what was the source of the initial spark of an idea for this movie? I know that all films are a little biographical. I know you were actually tutor at one point.
(저는 이 영화 아이디어의 시발점이 궁금해요. 모든 영화가 약간은 자전적인 요소를 갖고 있잖아요. 봉 감독이 예전에 과외를 했다는 것도 알고요.)

봉준호 Yeah, a little bit. I never kill people at all.
(맞아요, 자전적인 요소가 있죠. 그러나 제가 영화에서처럼 사람을 죽이진 않습니다.)

사회자 Would you tell us if you had?

(실제로 사람을 죽였다면 얘길했겠어요?)

Words & Phrases

on the one hand 한편으로는
on the other hand 다른 한편으로는
disparity (불공평한) 차이
coincidentally 동시적으로
coincident (사건 등이) 일치하는
coincidence 우연의 일치
spark 불꽃, 발화 장치, 유발하다

봉준호   하하. 한국에서 과외를 많이 하는데, 대학생들이. 저도 부잣집 중학생 남자 아이를 가르친 적이 있고, 그 집 부모님들도 조금 독특하셨고, 여러 가지 기억들이 있죠.

샤론최   So, it's common to have tutoring jobs when you're in college. It's same in Korea. I've tutored a middle school boy out of a very rich family and his parents were quite unique too. I have a lot of memories of the time.

봉준호   Actually at that time, my girlfriend was already working there. And then she introduced me to the family as a tutor for another subject.

(사실 그때 제 여자친구가 그 집에서 과외를 하고 있었고, 그녀가 저를 다른 과목 선생으로 소개시켜 준 거죠.)

저는 같은 과의 다른 친구를 또 다른 과목으로 또 소개시켜서 같이 들어가려고 하는데 그 전에 제가 잘렸어요. 거기서 스톱이 됐는데.

샤론최   So, I tried to introduce another friend in my class, so that he can teach another subject. But I couldn't proceed with the plan because I was fired right away.

(관객 탄성 후 웃음)

사회자   So, this is what would (1) have happened haha.

(그래서 이게 일어났을 법했던 것이네요. 하하.)

봉준호 근데 거기가 정말 부잣집이었어요. 되게 큰 저택의 부잣집이었는데, 그 집 2층에 실제로 사우나가 있었어요. 작은 프라이빗 사우나가 있어가지고, 그걸 애가(중학생) 보여 줘 가지고 되게 놀랐던 기억도 있고.

샤론최 The family was very rich. They had a huge mansion and on the 2nd floor of their mansion, they had their personal sauna. And I remember being very surprised when the boy showed it to me.

〈1〉 would의 실체(will의 과거?)

우리가 문법적 용어로 이해하기로는 would를 will의 과거로 인식하죠. 문법적으로 틀린 것은 아니지만 조금 더 이해가 필요합니다. 이 말이 나오게 된 건 지금 "I will work out this afternoon(오늘 오후에 운동할 거야)"라고 얘기했다면, 내일이 되어서 오늘 얘기한 것을 다시 얘기할 때, "I said I would work out yesterday"라고 할 겁니다. will이 과거 said와 시제 일치를 하기 위해서 would가 되죠. 여기서 will의 과거가 나왔습니다.

그런데 이것 말고 하나 더 중요한 would의 쓰임새가 있어요. 실제 회화에서 훨씬 많이 쓰이는 것인데, 누군가에게 부탁을 할 때 "would you~"라거나, 일반 미래 표현 같은데 "I would~"라고 말하는 경우를 많이 보죠.

이 원리는 가정법 과거 완료에서 옵니다. "If I were a bird, I would fly to you(내가 새라면, 너에게 날아갈 텐데)." 이런 가정문이 있죠. 여기서 가정법 부사절을 생략하면 "I would fly to you(너에게 날아갈 텐데, 날아갈 거야)"가 됩니다. would를 쓰는 것만으로도 이미 가정법이 숨어 있다는 것을 나타내죠. 그래서 "I will fly to you(너에게 반드시 날아갈 테야)"보다는 의지가 살짝 약한 미래라고도 볼 수 있습니다.

여기서 변형이 되어서 would는 좀 더 정중하게 거절하거나 충고할 때 등 다양하게 쓰이고 있습니다. 각 문장에 "내가 너라면, 너가 나라면 ~할래?"라는 의미가 숨어 있는 것이죠. 그렇기 때문에 "Would you please do something for me?"처럼 무언가를 부탁할 때 will보다 훨씬 겸손하게 다가오게 됩니다.

So, this is what would have happened.
그래서 이게 일어났을 법했던 것이네요.

● **가정법 과거 would를 활용하여 영작하기**

ex) I would have stopped you. (if I had knew it)
(내가 알고 있었다면) 널 멈췄을 거야.

(영작) ____ would _____.

"*Another difficulty was having to cast an unknown actor that the public wasn't familiar with.*"
관객들에게 알려지지 않은 배우를 캐스팅해야 했기 때문에 힘들었어요.

이번 대화에서는 봉준호 감독이 배우들을 어떻게 캐스팅 했는지 알려 줍니다. 〈기생충〉은 특히나 배우들 간의 호흡이 좋아서 SAG 배우 앙상블상도 받았던, 성공적인 캐스팅이었죠. 평상시 봉준호 감독의 캐스팅 스타일, 그리고 이 영화에서 캐스팅에 신경 쓴 부분 등 캐스팅에 관해 어떤 내용이 있는지 함께 보시죠.

사회자   We know that Mr. Song is someone that you worked with again, this is the 4th time. But most of these other members of the SAG award winning ensemble were not people that you have worked with before. How did you such perfectly cast actors and get everybody to work so well together?
(봉 감독님이 송강호 씨와 네 번째로 함께 일한 건 아는데요, 이번에 SAG 앙상블상을 탄 다른 멤버들 대부분은 처음이잖아요. 어떻게 그

렇게 완벽하게 캐스팅을 하고 함께 일
하게 했나요?)

Words & Phrases
form 형성하다
remain 계속하다, 남아 있다.
indie 독립된, 소규모 독립 회사
abnormal 비정상의, 일반적이지 않은
normal 보통의, 일반적인

봉준호　제가 이 영화에서 제일 잘했던 일이 그 캐스팅인 것 같아요. 송강호 씨와 여기 계신 이정은 배우, 그다음 송강호의 아들로 나오는 최우식 배우는 전에 〈옥자〉에도 나왔었고요. 그 세 명이 함께 일을 해봤던 배우였고, 나머지 일곱 명, 전체 열 명 앙상블 중에 일곱 명은 제가 처음 일하는 분들이었는데. 전 개인적으로 오디션 이런 걸 싫어해요. 어색하고. 사무실에서 만나서 무슨 연기를 해보라고 하고. 그걸 보는 저도 불편하고 약간 뻘쭘하다고 해야 하나? 그렇게 어색함을 잘 극복 못 해서 오디션 같은 걸 되게 싫어하고, 대신 배우들이 한 단편 영화, 인디 필름(독립 영화)들, 공연을 하고 있으면 공연을 직접 보고, 이런 걸 좋아하죠. 했던 작품들을 보는 걸 좋아하는데 그렇게 해서 한 명 한 명 나머지 7명의 캐스트들을 다 채워 나간 것 같고요.

샤론최　I think ⁽¹⁾ the best decision I made with this film is forming that cast. I had worked with 3 actors before, 송강호, 이정은 who is here with us and the poor son 최우식 who was in 〈옥자〉. But the remaining 7 of the ten ensemble cast, it was my first time working with them. Personally I don't like auditions. I find them very awkward. Calling the actors into an office and have them perform, it makes me feel uncomfortable watching them. And for me, it's just difficult to get over how awkward the entire situation is. So, personally I love to watch their previous works, shorts, indie films and if they are performing on stage, I go to the shows myself. That's how I form the cast one by one.

봉준호 가장 어려웠고 그래서 가장 마지막에 한 캐스팅이 지하실에 남자, 박명훈이란 배우인데, 벙커에 있는 그 남편, 워낙 독특한 역할이고, 정상과 비정상 사이를 왔다 갔다 하는 인물이라서. 그리고 관객들에게 알려지지 않은 배우를 캐스팅해야 했기 때문에, 제일 힘들었어요. 근데 그분이 제가 좋아했던 인디 영화에 중요한 서포팅 롤로 나왔던 분이라서, 최종적으로 캐스팅 할 수 있었던… 그분을 캐스팅하면서 전체 퍼즐이, 앙상블의 마지막 퍼즐이 완성이 됐었죠.

샤론최 The most difficult character to cast and the last one to join the ensemble was the man in the bunker. The actor's name is 박명훈 and it was difficult to cast this character because the character itself is so unique and he goes back and forth between being normal and being very <u>abnormal</u>.⟨2⟩ Another difficulty was having to cast an unknown actor that the public wasn't familiar with. But thankfully, he played a very important supporting role in an indie film that I liked. So I ultimately decided to cast him. Once he joined, it felt like all the puzzle pieces came together.

Zoom Up!

⟨1⟩ I think의 두 가지 의미

영어에서 'I think'를 직역하면 "저는 ~하게 생각합니다"가 되겠죠. 한국어의 실

사용 사례로 보면 두 가지로 다시 나눌 수 있어요.

첫 번째는 자신의 주장을 표현할 때, "I think high school students should have more music class(저는 고등학생이 더 많은 음악 수업을 들어야 한다고 생각합니다)"의 예로 볼 수 있고요.

두 번째는 오히려 자신의 의견을 덜 단정적으로 불확실함과 함께 표현할 때, 우리말로 흔히 쓰는 "~같아요"입니다. "I think Son is the best player in the team(나는 손흥민이 팀에서 최고인 것 같아)"처럼 사용할 수 있어요.

이처럼 think는 "생각하다"를 표현하는 동사 중에서 가장 스펙트럼이 넓은 동사예요. 먼저 필수적으로 쓸 줄 알아야 하고 그다음 조금 더 명확한 표현을 익히면 좋아요.

확신: A is B(A는 B입니다)

약한 확신: I think A is B(A는 B같아요)

추정: I think A is kind of B(A는 약간 B같아요)

〈2〉 반대를 의미하는 접두사

ab: abnormal 비정상적인, absent 결석한(↔present 참석한)

dis: disarmed 무장하지 않은, dismount 내리다(↔mount 올라타다)

in, im, il, ir: irrelevant 부적절한, impartial 공평한(↔partial 한쪽으로 치우친, 편파적인), independent 독립의(↔dependent 의존적인)

I think the best decision
I made with this film is forming that cast.
제가 이 영화에서 제일 잘했던 일이 그 캐스팅인 것 같아요.

● **I think 표현을 활용하여 영작하기**

ex) I'm thinking about eating out today.
오늘은 외식하면 어떨까 해요.

(영작) I think _____.

> *" In a way, the stone does carry the son's obsessions and compulsions. "*
>
> 어찌됐건 젊은 아들의 관점에서 봤을 때,
> 어떤 집착 내지 강박이 있는 건 사실이죠.

"참 상징적이다"라는 말을 뇌리에 각인시켰던 소품 산수경석. 영화에서 박서준이 최우식 가족에게 선물한 돌이 특별한 상황에서 중요한 역할을 계속하고 있습니다. 이 돌에 대해서 봉준호 감독은 어떤 생각을 가지고 있을까요?

사회자 I wonder if you can just talk about the overall production design, also the meaning of this landscape stone. It's just one of the things I came out of the film haunted about. Maybe anything you can say about that.

(전체적인 미술 디자인과 또한 산수경석의 의미에 대해서 이야기해 줄 수 있을까요? 이건 정말 제가 영화 끝나고 계속 머릿속에서 떠나지 않던 것 중 하나예요. 뭐든지 얘기를 좀 부탁해요.)

봉준호   It's… it's just a stone!

(그건 그냥 돌일 뿐이에요!)

아들내미(극중 기우, 최우식)가 그걸 보고, 자기가 자기 입으로 "상징적이다"라고 하잖아요. 보통 metaphorical하다, allegorical하다 이런 말은 사실 영화를 보고 나서 평론가나 기자들이 해야 될 말을 영화 속 인물이 그 얘기를 하니까 사실 되게 이상하잖아요? 그러니까 (저는) 오히려

이게 상징적인 게 아니다. 등장인물이 그런 얘기(상징적이다)를 막 농담처럼 하고. 이게 "상징이 아니다"라고 봐주길 바랐던 것 같기도 해요, 저는, 시나리오 쓸 때. 뒤에 가서 보면 그 돌이 자기의 머리를 내려 치잖아요, 흉기가 되어가지고. 거기에 자신의 피가 묻게 되는…. 어떻게 보면 되게 물리적이고, 육체적인 건데.

샤론최   You have the son 기우 announcing that the stone is so metaphorical. Usually it's the critics and reporters who mention that something is metaphorical, allegorical after watching the film. But in ⟨Parasite⟩, you have the main character announcing it on screen. So I think with that line, having him joke about how this is so metaphorical, I wanted people to see it not as metaphorical, but as something very physical. And in the end, the stone is what hits him in the head. It becomes a weapon. It has his blood on it. So it's a very physical object.

봉준호   어찌됐건 젊은 아들의 관점에서 봤을 때, 거기에 어떤 집착 내지 강박이 있는 건 사실이죠. 친구가 가져온 거잖아요. 근데 다른 세계에서 온

돌이잖아요. 부자들의 세계에서 온 돌이죠. 그런 돌에 비싼 돈을 지불하고 모을 수 있는 세계. 1층, 2층 곳곳이 돌로 장식되어 있다는 그런 세계로부터 온 물건이고. 자기도 그런 세계로 가고 싶은데, 그게 잘 안 되는 거죠.

샤론최 In a way, the stone does carry the son's obsessions and compulsions. The stone is brought into the family by a friend who comes from a different world where people can spend money to collect these expensive stones and decorate their 2-story ⟨1⟩ home with all these stones. So it comes from a world of rich people which is where he wants to go but has a hard time ending up in.

〈1〉 복수여도 단수로 써야 할 때
명사가 형용사 역할로 쓰일 때가 있어요. 연도, 해를 나타내는 year은 셀 수 있으니 3년이라면 복수로써 3 years로 써야 하죠. 그러나 형용사 역할로 쓰일 때는 단수로 쓰입니다.

"A 3 year old boy(3살 배기 애기)"에서 year은 old와 함께 boy를 수식하는 형용사이죠. 마찬가지로 story(층)도 명사로는 "This house has 2 stories(이 집은 2층이야)"이지만, 형용사로는 "The 2-story house(그 2층짜리 집)"이 됩니다.

I came out of the film haunted about.

영화를 보고 나서 시달렸다.

● **haunt를 활용하여 영작하기**

ex) The horrible scene haunted me for weeks.

그 끔찍한 장면이 몇 주나 나를 괴롭혔다.

(영작) _____ haunt _____.

> **" *So, I think if you are aware of that context, it does provide a richer background for this film.* "**
>
> 그런 맥락을 놓고 봤을 때 이 영화를
> 더 재미있게 풍성하게 볼 수 있는 면은 있는 것 같아요.

이번 대화에서는 영화 〈괴물〉에 대해서 얘기해요. 〈괴물〉은 미군 때문에 한강에 거대 식인 괴물이 만들어지고 일어나는 이야기를 다룬 SF 영화로, 큰 흥행을 거뒀죠. 그런데 이 설정 때문에 정치적 논란도 꽤 있었고 현재까지도 봉준호 감독을 따라다니고 있어요. 이에 대해서 어떤 대화를 나눴는지 함께 보시죠.

사회자   We should say that 〈The Host〉 became the highest grossing film in Korean history at that time that it was released and played all over the world very well. Really, (it) kind of put you on a much bigger map than ever before. Just to come back to Mr. Tarantino for a second at that time, he said that it was one of his favorite movies of last 20 years. It really caught a lot of people's attention.

But I think what's interesting is, people immediately at least in this country, I don't know about in Korea, we'd like to label things, "This is comedy. This is drama". We can never do that with your movies. They don't fit into any box. And in this case, I guess it was sort of inspired by very real, serious contamination that actually happened in that Han River, right?

(영화 〈괴물〉이 당시 한국 영화 역사상 최고 매출을 올렸고, 전 세계에 상영됐었죠. 이 영화로 봉 감독님은 세계에 알려졌고요. 타란티노 얘기를 잠깐 하자면, 그분이 이 영화가 자신이 20년간 본 영화 중에 최고라고 했어요. 정말 많은 사람들의 관심을 받았죠. 재미있는 건, 한국에서도 그러는지 모르겠지만 미국에서는 영화 장르를 구별하려고 하는데요, "이건 코미디, 이건 드라마"식으로. 봉 감독님 영화에는 그럴 수 없었죠. 딱히 어떤 장르에 딱 맞지 않아요. 그리고 이 영화는 제 생각에, 한강에서 실제로 발생한 매우 위험한 오염 사건을 모티브로 하고 있는데, 맞나요?)

봉준호 맥팔랜드 케이스라고, 2000년도에 사건이 하나 있긴 있었어요. 미군 부대에서 독극물을 방류한 사건인데, 한국의 환경 NGO에서 그걸 고발해 가지고, 잠시 스캔들이 난 적이 있었죠. 근데 그 사건 자체가 실제 사회적인 이슈이면서 동시에 되게 장르 영화 같은 거예요. 50년대 클래식 SF 영화 같은 데 보면, 과학자가 실수를 한다거나, 군인이 뭔가를 잘못 버리거나 해서 이상한 괴물체가 생기는 것. 현실에서 일어난 사건인데 왠지 장르 컨벤션(관습)에 들어맞는 듯한 그런 기묘한 느낌이 들어서, 그게 영화의 출발점이 됐죠. 영화의 오프닝 시퀀스가 그 부분이죠.

샤론최 In the 2000 in Korea, we had what was called McFarland case where the U.S. military base threw toxic waste to the river and environmental NGO in Korea reported it, so it was a big scandal. While being a big social issue, simultaneously it also felt like a classic Sci-Fi film from the 50s where a scientist makes some mistake or a soldier threw something away by accident and then you have this monster that is burst. So, while

Words & Phrases
gross 수익을 올리다
contamination 오염
simultaneously 동시에, 일제히
burst 터지다, 불쑥 나오다
satire 풍자
entangle 얽매이다, 얽히다
alliance 동맹, 연합
alley 골목

being a part of reality, it also felt like the case fitted with these genre conventions and that's where the film, idea for the film started and that was the opening sequence for the film.

사회자 　There are a lot of people inside and outside of Korea who looked at that and thought, "This seems to be one of the first Korean films that sort of speaks to the fact that it's not always wonderful to have Americans in South Korea." Did you personally also see it sort of a protest film in a way or for you is that just people projecting their own thoughts on to it?

("이 영화는 미국이 한국에 있는 게 좋은 것만은 아니라고 말하는 첫 번째 영화 같아"라고 생각하는 사람들이 한국 내외에 많이 있어요. 봉 감독님은 이 영화를 반미 영화라고 보시나요, 아니면 사람들이 자기 마음대로 그렇게 본 건가요?)

봉준호 　뭐, 강렬한 풍자가 있는 건 사실이죠. Satire(풍자)라고 해야 되겠죠. 미국 영화 중에서도, 미국 자체를 풍자하거나, 정부를 비판하는 영화가 나오듯이, 마찬가지로 한국이건 일본이건 여러 나라에서도 미국을 풍자하는 많은 영화들이 나올 수 있다고 생각했었고요. 한국과 미국의 관계는 되게 오랜 시간 절친한 동맹이면서 동시에 복잡한⋯. 일본과 미국도 마찬가지겠지만, 여러 가지 복잡한 감정과 관계들이 얽혀 있잖아요? 그런 맥락을 놓고 봤을 때 이 영화를 더 재미있게, 풍성하게 볼 수 있는 면은 있는 것 같아요.

샤론최 So it is true that the film is a powerful satire. Even among American films, there're <u>those that</u> ^{⟨1⟩} provide satire on the U.S. and criticize the government. It's the same way. In Korea and Japan, we have films that there are satires on the U.S. And of course, in terms of the relationship between Korea and the U.S., these two countries have been long time allies but at the same time, there are a lot of complicated emotions and relationships entangled in the alliance. So, I think if you are aware of that context, it does provide a richer background for this film.

⟨1⟩ those that/who

those who, those that은 뒤의 문장과 연결해서 "~하는 사람들, ~하는 것들" 이라고 해석하면 돼요. 이런 관계사구를 잘 익혀 놓으면 문장 안의 문장을 넣어서 뜻을 풍부하게 할 수 있어요. 사람의 경우 목적격은 who가 아니라 whom 이 옵니다.

This world is a comedy to those that think, a tragedy to those that feel.

이 세상은 생각하는 사람에게는 코미디이고, 느끼는 사람에게는 비극이다.

I want to travel with those whom I love.

좋아하는 사람들과 여행을 가고 싶다

Mac's Pick

Even among American films,

there're those that provide satire on the U.S.

미국 영화들 중에서도 미국을 풍자하는 내용을 담은 것들이 있죠.

● those who/that 활용하여 영작하기

ex) I was one of those whom teachers like and remember their names.

나는 선생님들이 좋아하고 이름을 기억하는 학생 중 하나였다.

(영작) _____ those that

_____.

> **❝** *I just looked through the magazines and*
> *studied upon it.* **❞**
> 그 잡지를 보면서 공부했었죠.

이번 대화는 영화 〈괴물〉에 들어간 CG(컴퓨터 그래픽) 기술에 관한 것이에요. 한강에 서식하는 끔찍한 대형 괴물을 아주 실감나게 특수 효과로 그려 내는 데 성공한 영화죠. 그런데 봉준호 감독은 그때까지 CG가 들어갔거나 SF 영화는 해본 경험이 없었는데, 어떻게 한 것일까요?

사회자　This would've been I think the first time that you had the budget necessary to do CGI on a film which I'm always amazed when someone does that for the first time. How do you even know where to begin to create a monster like this? Can you talk about how you learned to work with CGI.

（제 생각에 이번이 감독님이 CGI 예산이 있는 영화를 처음으로 한 것 같은데요. 어떤 감독이 이런 걸 처음으로 할 때 저는 항상 놀랍니다.

어떻게 그런 괴물을 그려 낼 수 있죠? CGI를 하면서 배운 것들을 얘기해 주세요?)

봉준호 여기… (방청석에) 저랑 같이 〈설국열차〉 때 비주얼 이펙트 슈퍼바이저하신 분들이 여기 같이 계신데, 〈괴물〉 때 제가 처음 비주얼 이펙트영화에 도전하면서 정말 미치는 줄 알았어요. 너무 힘들었고. 혼자 막공부했죠 뭐, 독학으로. 누가 가르쳐 주는 것도 아니고.

샤론최 Right now in the audience, is the visual effect supervisor of 〈Snowpiercer〉 here with us. With 〈The Host〉, it was the first time I took on this challenge of a visual effect film. I thought I was gonna go crazy. It was so difficult. The only option I had was just to study upon it myself. There wasn't anyone to really teach me about this.

봉준호 (사회자에게) Maybe you know the magazine called 〈CineFX〉? The very famous VFX magazine in the industry.

(아마 〈CineFX〉라는 잡지 알지 않으세요? 업계에서 유명한 비쥬얼 이펙트 잡지인데.)

그게 제 바이블이었어요. 그거 과월호 다 사다 놓고서 막 공부했어요. 내가 좋아했던 VFX 장면이 어떻게 만들어진 건지 그 책을 보면서 다 공부했었고.

샤론최 So that was basically my bible at that time. I purchased all the previous issues and studied all the visual effect scenes that the magazine featured. I just looked through the magazines and studied upon it.

봉준호 The problem was budget. We had very very limited budget. The whole production budget was around 11million. It's very low budget. We could use 4.5 million U.S. dollar for VFX. But we needed more than 160 creature shots which were impossible with that small budget.

Words & Phrases
CGI 컴퓨터 생성 화면(computer generated imagery)
take on 떠맡다, 대결하다
VFX 시각 효과(visual effect)
malfunction 고장, 제대로 작동하지 않다
POV shot 주관적 시점 장면(point of view)
score 득점, 음악, 악보

(진짜 문제는 예산이었어요. 예산이 너무 적었어요. 전체 제작비는 1천100만 달러였는데 너무 작았죠. 450만 달러를 CG에 쓸 수 있었는데 160숏이 필요했어요. 그 예산으로는 불가능했었죠.)

그래서 숏자를 줄였지 뭐. 숏 하나당 가격이 엄청나기 때문에, 그래서 최종적으로 영화에서 110 장면 정도 괴물이 나오는데, 그런 것들을 어떻게 컨트롤해야 하는지를 직접 겪으면서 다 배웠던 거죠. 스필버그가 많은 영감을 줬어요. 왜냐면 그분이 〈죠스〉를 찍을 때 유니버설 스튜디오에서 상어를 만들어 줬는데, 그게 그렇게 작동이 안 되고 고장이 많이 났대요. 그래서 되게 괴로웠을 거 아니에요? 그러다 보니까 그 유명한 죠스의 (1인칭) 시점 숏이 나오죠. 존 윌리엄스 음악이 나오면서 상어의 눈이 돼서 다가가는. 오히려 상어는 안 보이잖아요? 그런 연출의 아이디어로 스페셜 이펙트의 한계를 돌파하는. 저도 주어진 핸디캡을 달게 받아들였어요. "이건 내가 극복해야 하는 것이다"라고.

샤론최   So I had to cut down the number of visual effect shots we could have. Because each ⁽¹⁾ shot came with an enormous price tag. And so, ultimately we ended up having around 110 creature shots. Just going through that experience myself, I learned how to manage those elements. I was really inspired by Spielberg because when he created 〈Jaws〉, Universal Studio's created a model of shark, which malfunctioned often and broke down all the time. So, that's how we came to have the famous POV shot with John Williams' score. While you don't see the shark, you see through the lens of the shark's eyes. So, he came up with all these directing ideas to overcome the limitations with special effects. So with 〈The Host〉, I welcomed the handicaps that I had and I tried to overcome them.

〈1〉 each, every 용법

형용사 each는 항상 단수 명사와만 함께 해요. 그래서 'each car'라고 하면 얼핏 들어서는 자동차가 여러 대니까 복수(cars)로 해야 한다고 생각하기 쉽다는 것에 주의를 해주세요. 이 개념은 자동차 여러 대가 아니라 각각 자동차 하나 하나의 입장에서 단수/복수를 판별하기에 'each car'는 단수 주어가 되고 따라서 동사도 단수 동사를 받는답니다.

Each car has one engine. 각각 자동차들은 엔진을 하나씩 달고 있다.
Each shot came with an enormous price tag. 숏 하나하나가 엄청 비쌌다.

예문과 같이, each를 쓴다면 여러 집단의 복수 명사가 아니라 각각 하나의 명사 입장에서 문장을 보기 때문에 목적어의 engine이나 price tag도 하나씩 갖게 된다면 단수가 오는 걸 맞춰 주세요. 반면 each가 부사로 쓰이면 수 일치에 개입하지 않고 쓰여요.

Those cars each have different colors. 저 차들은 각각 색깔이 다르다.

every는 단수, 복수 명사 모두 함께할 수 있는데 동사는 단수 동사로 받아요.

Every children deserves good education. 모든 아이들은 좋은 교육을 받아야 한다.

Each shot came with an enormous price tag.
숏 하나하나가 엄청 비쌌다.

● **each를 활용하여 영작하기**
ex) Each person was to buy 2 masks a week.
사람들은 각각 마스크를 두 개씩 살 수 있었다.

(영작) Each _____.

❝ It's like if you walk on the street, and you run into her, you unknowingly just call her mother. ❞

길을 가다 저 배우를 마주치면 진짜 나도 모르게 내 입에서 "엄마!"
이런 소리가 나오게 될 법한 분이었거든요.

〈마더〉는 약간 지능이 덜 발달된 아들(원빈)이 여고생 살인 사건의 용의자로 지목되면서 아들을 지키기 위해 엄마 (김혜자)가 무섭게 싸워 나가는 내용이에요. 봉준호 감독은 대학생 때부터 배우 김혜자의 열렬한 팬이기도 했는데요. 이 영화에서 봉준호 감독은 '모성애' 그리고 '배우 김혜자'에 대해서 어떤 생각이었는지 함께 읽어 보시죠.

사회자   I wanna ask you about the woman who played 〈The Mother〉, 김혜자 whom you've said quote, "I wrote the character for her. If she said no, the movie would not have been made" close quote. Why was she so important to making this?

(엄마 역할을 연기한 김혜자 씨에 대해서 묻고 싶어요. 감독님이 "이

역할은 그녀를 위해서 썼다. 그분이 안 된다고 하면 영화도 없다"라고 했죠. 이분이 영화에 왜 그렇게 중요한 거죠?)

봉준호 그분이 단순히 어떤 위대한 배우다라는 전제를 넘어서, 한국에서는 되게 아이코닉한(상징적인) 존재였어요. 흔히 국민 엄마라는… 어떻게 번역해야 할진 모르겠지만 어쨌든. 국민 엄마예요, 말 그대로. 저 배우 자체가 엄마를 상징해요. '모성'을 상징하기도 하고. 그 부분을 어떻게 보면 새롭게 파헤쳐 보고 싶었던 거죠. 저 배우 때문에 사실 영화를 기획하고 스토리를 제가 쓰게 된 것이 거든요. 만약에 저분이 이 영화를 안 한다고 하시면 그럼 다른 플랜 B, 플랜 C가 있는 이런 게 전혀 아니었어요. 저분 때문에 찍으려 했던 영화니까.

샤론최 So more than just being a great actor, 김혜자 is quite an icon in Korea. She's sort of the nation's mother. She symbolizes motherhood of the nation. So I really wanted to explore, delve deeper into this actor and present her in a new light. It was actually because of her that I came up with this story and with this project. It wasn't as if I had other actors in mind if she refused the role. It was because of her, that I did this film.

사회자 To sort of subvert the image that everyone had of her before? Is that the idea that people assume that because she's played a lot of mothers, because they think of her as mother, that you can show her in a different way?

(사람들이 그녀에 대해 가진 이미지를 뒤엎기 위한 것이었나요? 그녀가 엄마 역할을 많이 연기했고, 사람들이 그녀를 엄마로 인식하기 때문에 감독님께서 그녀를 다르게 연출하겠다는 생각이었나요?)

봉준호 가장 인자하고 자애롭고 따뜻하고. 자식을 위해서면 뭐든 해줄 수 있는 그런 엄마 역할을 항상 해왔고. 길을 가다 저 배우를 마주치면 진짜 나도 모르게 내 입에서 "엄마!" 이런 소리가 나오게 될 법한 분이었거든요. 근데 모성이라는 것이 어두운 집착으로까지 파고들게 되면, 변질되게 되면 어떤 극한적인 상황까지 가게 되나. 모성이라고 하면 항상 아름답고, 따뜻한 것으로만 생각하는데, 때로는 그렇지 않을 수도 있다라는 어떤 다크한 스토리를 만들게 됐던 거죠.

Words & Phrases

quote 인용하다, 예를 들다, 따옴표 열고
iconic 상징이 되는, 우상의
present 나타내다, 표시하다, 현재의, 선물
as if 마치 ~인 것 처럼
subvert 전복시키다

샤론최   She sort of represents the most generous, giving and warm mother. She's always played these mother characters that can do anything for their children. It's like if you walk on the street, and you run into her, you unknowingly just call her mother. That's how much she represent the <u>motherly</u>[1] figure. But the story that I really wanted to explore is dark aspects of motherhood, how motherhood just seemingly warm and generous can turn into a dark obsession and the extreme situations that can happen when motherhood takes a dark turn. That was sort of a dark story that I wanted to explore with this film.

〈1〉 명사+ly = 형용사

mother에 ly가 붙으니 '어머니의'라는 형용사가 됐어요. 이처럼 명사에 ly가 붙으면 형용사가 되고, 형용사에 ly가 붙으면 부사가 됩니다!

> relative 상대적인: relatively 상대적으로
>
> rough 거친, 대략적인: roughly 대략적으로
>
> man 남자: manly 남자다운

That's how much she represents the motherly figure.
그 정도로 그녀가 모성애를 상징한다는 거죠.

● **That's how much 표현을 활용하여 영작하기**

ex) That's how much I care about you and your feeling.
그 정도로 내가 너와 너의 기분을 신경 쓴다는 얘기야.

(영작) That's how much _____.

> " *They have professional profilers and have a lot of forensic tools in their hands.* "
> 요즘 한국 경찰은 전문적인 프로파일러들도 있고,
> 모든 과학 수사를 한다.

이번 대화는 봉준호 감독과 송강호가 처음 함께 했고, 감독 봉준호를 처음 세상에 알렸던 영화 〈살인의 추억〉에 관한 이야기입니다. 과학 발전 덕분에 수십 년이 지난 2019년 실제 연쇄 살인 사건의 범인이 잡히기도 했었는데요. 〈살인의 추억〉을 왜, 어떤 관점에서 찍게 되었는지, 그리고 송강호에 대한 이야기도 함께 들어 보시죠.

사회자   So, this film was based on real events in Korea like 80s, early 90s. Was it something that was very disturbing to you at that time? Why did you decide to make a film about that?
(자, 이 영화는 1980년, 1990년대 한국에서 실제 일어난 일을 배경으로 하고 있죠. 이 사건에 대해서 봉 감독님이 당시 개인적으로 화가 났

었나요? 이걸 영화로 만든 이유가 뭔가요?)

봉준호   연쇄 살인이라는 스릴러 장르이기 이전에 1980년대에 관한 얘기죠, 너무나 혼란스러웠던. 방금 보셨다시피 혼란 그 자체였던, 그 시대를 다루고 있는 건데. 크라임 신(범죄 장면, 현장) 자체가 전혀 관리가 안 되잖아요. 요즘의 한국 경찰은 전혀 저렇지 않죠. CSI 이상으로 완벽하게 통제하고 전문적인 프로파일러들도 있고, 모든 과학 수사를 하지만, 저 때는 엄청나게 모든 것들이 혼란스럽고, 무능했던 것들이 뒤엉켜 있었던 시절이었어요. 그것이 제가 고등학교를 다닌 시절이고, 그때 벌어졌던 사건이죠. 범인을 잡는 데 실패했던. '우리가 왜 실패했나?' 실패했던 시대의 우리의 모습을 돌이켜 보는… 그런 '80년대'라는 키워드가 되게 중요했던 영화였어요.

샤론최   Before the film, as this one genre of serial killers, thrillers, it's basically about the chaos of the 80s. As you saw in that clip, it was really about that time that was just chaos in itself. At the time, they couldn't manage the crime scenes at all. Of course, modern Korean police force, they're completely different. They're able to completely control the crime scenes. They have professional profilers and have a lot of forensic tools in their hands. But during the 80s, there was a lot of chaos and people were incompetent. That was when I was in high school. That's when all the serial killings actually happened. So this film is sort of a reflection on why they failed to catch the actual killer and our reflection of how Korean society functioned in the 80s. The keyword, the 80s was a very important aspect of this film.

사회자   As I mentioned earlier and as people just saw, this was also your first time working with Mr. Song. How did you and he first cross paths and was it clear right off the bat<1> that you work well together? It seems like it must have taken off from that movie.

(제가 말씀드렸고, 방청객 분들도 보셨다시피, 이 영화는 송강호 씨와 함께한 첫 번째 영화인데요. 어떻게 만나게 됐고, 둘이 영화가 잘될 거라는 걸 바로 확신했나요? 영화가 되게 잘됐는데요.)

봉준호   뭐랄까… 저 배우밖에 없었어요, 저 역할을 할 수 있는 사람이. 처음부터 저분을 전제로 해서 시나리오를 썼었고. 그 시대의 한국의 얼굴, 또 그분이 가진 동물적인 유머 감각, 모든 것을 갖춘 분이었죠. 감독 입장에선 사실 단순하죠. 연기를 잘하는 배우 분과 일하고 싶은데, 공포스러울 정도로 연기를 잘하는 분이라서, 영화를 보신 분들은 아마 느끼셨지 않을까 싶네요.

샤론최   From the very beginning, I knew that he was the only actor who could play that role. So I wrote the script with him in mind, he was the only person who could represent the face of Korea of the 80s. And also he has this animalistic instinct for comedy. So, he is an actor who had it<2> all. For a film director, it's quite simple. We just wanna work with great actors and 송강호, he's such a great actor that it's almost fearful, just how good he is. I'm sure if you've seen the film, you'll all understand.

〈1〉 right off the bat의 기원

이 숙어는 '곧바로, 즉시'를 의미해요. 미국을 대표하는 스포츠가 야구이기에 야구에서 만들어진 말들이 보편적으로 쓰이고 있는데요. 타자가 안타를 치면 곧장 출루를 위해서 야구 방망이(배트)를 놓고 달려가죠. 여기서 이 말이 시작되어 '곧장, 즉시'라는 의미로 널리 쓰이고 있어요.

〈2〉 it의 쓰임새

우리는 it을 앞에 언급된 것을 다시 가리킬 때 쓰는 '그것'의 용도로 잘 알고 있는데요, 회화에서는 꼭 언급되지 않더라도, 추상적으로 가리킬 때 많이 쓰여요. "그는 다양한 재능을 가지고 있다"를 "He has so many talents"라고 할 수 있지만, 원어민은 다양한 방면으로 대명사를 많이 쓴답니다. 이런 게 샤론최의 통역이 원어민에게 아주 익숙하게 다가오는 이유이기도 하고요.

He is an actor who had it all.

그는 모든 것을 갖춘 배우입니다.

● **who had it all 표현을 활용하여 영작하기**

ex) Mac is a teacher who had it all.

Mac은 모든 것을 갖춘 선생입니다.

(영작) _____ who had it all.

*" So I think that's when I start cultivating
my cinematic language. "*

그런 걸 보면서 영화적인 언어를 키워 왔던 것 같아요.

이번 대화에서는 봉준호 감독의 유년기에 대해서 이야기해
요. 영화가 부자와 빈자를 극명하게 비교해서 그런지, 사회
자가 봉준호 감독에게 집안 형편을 노골적으로 물어보는데
요. 이외에 영화는 언제부터 접하게 된 건지, 집안 분위기는
어땠는지를 알아 볼 수 있는 대화입니다.

사회자   Just to begin with, I wanna talk about your upbringing, your
background. Where in South Korea were you born and what did
your parents do for living?
(시작하기에 앞서, 봉 감독님의 성장 과정, 배경을 알고 싶어요. 한국
의 어디서 태어났고 부모님은 어땠나요?)

봉준호   대구라고, 한국이 작은 나라인데, 남쪽에 있는 도시예요. 거기서
자라다가 서울로 올라왔죠.

샤론최 I was born in a city of Daegu, Korea is a small peninsula and it's on the southern part of Korea and I spent my childhood there and moved to Seoul.

사회자 So, for obvious reasons, I gotta ask you. Was your family upper class, lower class, middle class? Where would you say you guys fit in?

(그럼 뻔하지만 물어봐야겠어요. 봉 감독님 가족은 고소득층이었나요, 저소득층이었나요, 아니면 중산층이었나요? 어디에 속했다고 보세요?)

봉준호 중간 정도죠. 아버지께서 대학에서 디자인을 가르치셨고, 〈기생충〉 영화에서 보면 부잣집과 가난한 동네, 딱 그 중간쯤인 것 같아요.

샤론최 You can say I grew up in a middle class family. My father, he is a graphic design professor at a university. And if you look at 〈Parasite〉, you have the rich neighborhood and the poor neighborhood. You can say I grew up in the middle.

사회자 It kind of gives you a good perspective[1] on both ways of life and all of them. I guess like everyone of your generation, you grew up in a country with American presence throughout your country, and some constant tension around the border of your country. I just wonder how do you think those things may have shaped the person you became.

(그래서 양쪽의 삶 모두를 이해할 수 있는 관점을 갖게 된 것 같군요. 봉 감독님 세대 모든 사람들처럼, 감독님은 한국에 미국이 영향력을 미치고, 북한과 긴장 상태가 있던 때를 보냈는데요, 그게 성장 과정에 어떤 영향을 끼쳤는지 궁금합니다.)

봉준호 한국의 역사, 정치적인 맥락을 짚어 주셨는데, 애들이야 그런 거 아니요? 그냥 뛰어 놀고. 저는 특히 뛰어 노는 것보다 어릴 때부터 맨날 집에서 영화 봤어요, TV로. 별로 밖에 나가서 놀지 않고 TV를 워낙 많이 봐가지고. 저희 가족들이 스포츠나 레저나 여행을 안 해요. 모든 가족들이 다 집에서 계속 TV만 봐요. 그래서 저도 TV, 영화를 많이 보면서, TV를 시네마테크(영화 도서관) 삼아서 자랐어요.

샤론최 You just provided some historical and political context of Korea, but honestly as children, no one really cares when you're little. Kids just like to run around. But for me particular, I loved to watch TV and films playing on TV. I rarely went outside. My entire family doesn't like to do sports or travel. Everyone just liked to watch films on TV. So my television was my own personal Cinematheque.

사회자 So, was that how you first got exposed to great cinema or you also went to the theater?

(그렇게 좋은 영화를 처음 본 건가요, 아니면 극장에도 갔나요?)

봉준호 저희 어머니가 좀 결벽증… 까진 아닌데 청결한 걸 좋아하시는 분이라, 저를 극장에 못 가게 했어요. "극장은 1년 내내 햇빛이 안 들고, 세균이 득실거린다"라는 걸 저한테 주입시키면서. 그래서 극장보다 TV에서 많이 봤죠 영화를.

샤론최 So my mother was a little bit compulsive germophobe.[2] She really liked to maintain personal hygene. Because in movie theaters, you don't have a lot of sun light, she insisted that it was filled with germs. So, I was only able to watch films on TV.

(관객 웃음)

Words & Phrases
upbringing 양육, 교육
perspective 관점, 전망
context 맥락, 문맥
rarely 드물게, 좀처럼 하지 않는
expose 노출하다, 폭로하다
germophobe 세균 공포를 느끼는 사람
dictatorship 독재
omit 빠뜨리다

봉준호   Funny thing is, at that time, when I was young, it was 1970s - 1980s when I was in the elementary school, South Korea was under the military dictatorship. The whole culture was very conservative. So whenever I watched the great films in TV, almost all of them were slightly censored. There was censorship.

(재미있는 건 그때, 1970년, 1980년대 제가 초등학교 다닐 때 어릴 때였는데요. 한국은 독재 정권에 있었고, 모든 문화가 매우 보수적이었죠. 그래서 TV로 유명한 영화를 보면 거의 모두 다 편집됐었어요. 검열이 있었죠.)

시드니 루멧이나, 브라이언 드 팔머 영화 이런 것들을 보는데, 항상 여기저기가 약간씩 잘려져 나가 있는 걸 보는 건데, 어릴 때 그걸 느꼈어요. "이거와 이거 사이에 분명히 뭔가가 있는 것 같은데? 뭔가 빠져나갔다." 그런 걸 보면서 영화적인 언어를 상상을 했던 것 같아요.

샤론최   I would watch films like Sidney Lumet and Brian De Palma and there would be scenes that were omitted from those versions. Even when I was young, I knew that there was something missing between those scenes. So I think that's when I start cultivating my cinematic language.

〈1〉 perspective 어근 파헤치기

perspective는 per, spec의 두 가지 의미 어근과, tive의 품사 표현 어미가 있어요. tive는 형용사를 의미하고, 나머지 부분들을 공부해서 단어를 확장시켜 봐요.

per ~을 통하여, 철저히
spec 보다
perspective 관점, 전망
prospect 전망, 가능성 (pro 앞으로)
retrospect 회고하다, 회상하다 (retro 뒤로)
permit 허락하다 (mit 보내다)
persistent 끈질긴 (sist, stand 서 있다)

〈2〉 germophobe 어근 파헤치기

germ은 세균, 자라나다, phobe는 공포를 의미하는 단어예요. 이것들을 이용한 단어를 알아볼까요?

germicide 세균제
phobia 공포증
acrophobia 고소 공포증 (acro 높은)

I knew that there was something missing
between those scenes.

그 장면들 사이에 뭔가가 빠진 걸 알았어요.

● 'something + 형용사' 표현을 활용하여 영작하기

ex) I need to eat something sweet.

단 걸 먹어야 해.

(영작) _____ something _____.

" *Korea was going through very dynamic period.* "
한국이 워낙 격동기였어요.

이번 대화는 봉준호 감독의 대학 생활이에요. 봉준호 감독이 대학을 다녔던 1980년대 1990년대의 한국 사회의 분위기, 데모 그리고 영화를 접하게 된 것까지 얘기를 들어 보면 봉준호 감독의 다른 영화들의 몇몇 장면이 떠오릅니다.

사회자 Were you interested in pursuing film? I know you ended up studying sociology. But was that because you thought you'd better do that or your parents thought you'd better do that?
(영화를 진지하게 생각했었나요? 사회학을 전공한 걸로 아는데, 부모님이 생각한 건가요, 아니면 감독님이 생각한 건가요?)

봉준호 사실, 사회학을 전공했는데 사회학을 잘 몰라요. 대부분 시네마 클럽에서 시간을 보냈거든요. 그리고 제 집사람도 시네마 클럽에서 만났고, 거기서 대부분의 시간을 보내다 보니까 사회학은 관심 없었지만 사회에 대한 관심은 많이 있었죠. 그때 또 한국 사회가 워낙 뜨겁게 격동하던 시기였고. 제가 대학교 다닐 때가 한국 군사 독재가 끝나가던 시기였어요. 1980년대 말에서 1990년도에 걸쳐서. 군사 정부가 물러나고, 민주주의가 실현되면서 영화나 팝 뮤직처럼 대중문화가 폭발한 시기였고, 제가 그런 축복을 받은 제너레이션(세대)인 거죠.

샤론최 I did major in sociology but I know very little about it. I spent most of my time at a cinema club. And that's actually where I met my wife. Although I wasn't really interested with sociology, I was always interested in society. Particularly because at that time, Korea was going through very dynamic period. When I was in college, in the late 80s and early 90s, Korea saw the end of the military dictatorship. We had our first democratic administration coming. And that's where pop culture, cinema and pop music really exploded into the mainstream consciousness. So I'm a part of the generation that was blessed.

봉준호 그리고 (시네마 클럽에서) 내가 했던 일이 비디오 컬렉션을 제가 관리했었죠. 유럽이나 미국이나 아시아의 많은 클래식 영화들을 제가 이제 불법 카피… 공부하기 위해서 illegal copy(불법 복제)를 많이 했었죠, 비디오 테이프를.

샤론최 So my job in the club was to manage the video collection. My job was to illegally copy all the great American, European and Asian classics so that we can all study those films.

사회자 Where there're scenes with protestors with molotov cocktails with tear gas, Is there any chance that that might come from some of your own experience we didn't talk about yet? I think back when you were in college, you weren't always such a sedate man, were you?

(영화 〈괴물〉에서 화염병과 최루탄이 나오는 장면이 있잖아요. 우리가 얘기 안 해본 건데, 그게 혹시 경험에서 나온 건가요? 제 생각에 조용히 학교만 다녔을 것 같진 않은데…)

봉준호 제가 1988년도에 대학을 갔단 말이에요. 처음 입학했을 때부터 캠퍼스 안에 최루탄 가스가 가득 했었어요. 그때 군사 독재 정권이 거의 퇴장하려고 할 때였기 때문에, 일상적으로 매일같이 데모를 많이 했어요. 밥 먹다가 데모하고, 들어와서 수업 열심히 듣다가, 다시 또 데모하러 갔다가 또 저녁 먹고, 집에 가는 길에 보면 신문에 우리가 했었던 시위가 신문에 나와 있고, 이런 일상적인 게 그런 분위기였어요.

샤론최 I entered university in 1988. Even when I was a freshman, the entire campus was covered in tear gas. <u>It was around the time that military regime was being ousted.</u>[1] So, protesting was a part of our daily life. We would eat breakfast, go protest, and then go to a lecture and then go back to protest, eat dinner and then on our way home, we would find newspapers with photos of protest that we were just at. So, it was really a part of our daily life.

〈1〉 관계 부사 when

이번에는 when이 쓰인 문장을 거꾸로 해부해 가면서 관계 부사를 익혀 봐요!

"It was around <u>the time that</u> military regime was being ousted(그때는 군사

정권이 물러나고 있을 때였다)에서 that은 time에 붙어 있고, 뒤의 문장을 보니 주어도, 목적어도 아닌 것을 확인할 수 있어요.

그렇다면 이 that은 관계 대명사가 아니라, time을 수식하는 when이 바뀐 것임을 확인할 수 있죠. 그러니 "It was around the time when military regime was being ousted"로 바뀌고, 이 when(관계 부사)는 at which(전치사 + 관계 대명사)로 바뀔 수 있어요. "It was around the time at which military regime was being ousted." 이 문장은 두 문장이 합쳐진 것이죠. "It was around the time"과 "Military regime was being ousted at the time"입니다.

when이 쓰인 하나의 문장에서 두 문장으로 역산해 가는 게 어려웠다면 두 문장에서 한 문장으로 가는 것을 더 익히면 됩니다. 전치사는 상황에 따라 in, at, on을 적절하게 쓰면 됩니다.

It was around the time that military regime was being ousted.
그때는 거의 독재 정권이 물러나려고 할 때였어요.

● **It is time that 구문을 활용하여 영작하기**

ex) It was around the time that my mom would be back home.
그때는 거의 엄마가 집에 올 시간이었어요.

(영작) It _____ time that _____.

> **❝** *I ended up thinking about why*
> *the pig looks so sad and depressed.* **❞**
> 왜 돼지는 슬픈 얼굴을 하고 있을까, 왜 우울할까라는
> 생각을 하게 되죠.

이번 대화는 SF 영화 〈옥자〉에 관한 거예요. 유전자 변형 돼지와 주인 소녀의 가족애가 기업의 이익 관계와 싸우는 내용입니다. SF, 동물 인도주의 문제 등 봉준호 감독 영화에는 늘 많은 것들이 얽혀 있는데요. 이번 영화는 어떻게 나오게 된 것인지 함께 읽어 보시죠.

사회자 You said that it started with one specific image, in your mind. What was that?

(이 영화가 하나의 이미지에서 시작됐다고 했죠. 무엇인가요?)

봉준호 운전 중에 뿌옇게 흐린 날, 집채만 하게 큰 사이즈의 돼지가 고가도로 밑에서 되게 우울한 표정으로 있는 그런 이미지를 봤는데. 제가 약을 하거나 마리화나를 하는 사람은 전혀 아니에요. 근데 가끔 그런

헛것을 보거든. 그 이미지에 되게 사로잡혀 가지고, 사실 〈괴물〉 같은 경우도 한강 다리 교각에 매달려 있는 어떤 이상한 생물체를 봤다… 본 것 같은 착각이지, 뭐. 그것도 고등학교 때 착각인데, 착각에 의해서 시작된 아이디어였는데, 이것도 그런 이미지 하나에 집착을 해서 시작이 된 거예요. 그런데 왜 돼지가 이렇게 클까? 돼지를 생명체가 아니라 식품으로 보는, 그런 크기라는 건 상품성과 관련이 있는 거잖아요. 왜 슬픈 얼굴을 하고 있을까? 왜 쟤가 우울할까? 이런 것을 자꾸 반복적으로 생각하면서 이런 이상한 스토리가 만들어지게 된 거죠.

샤론최 One day, I was driving and it was a very foggy, gray day in Seoul. And I saw a huge pig, the size of a house, looking very depressed under a freeway and I was not on any substances. Sometimes I have these visions. I was very captivated by that image. With 〈The Host〉 as well, when I was in high school, I thought I saw a very strange creature dangling from the Han river bridge. Similarly, 〈Okja〉 began with my obsession for this one image. And I kept wondering why the pig was so big. And then I thought of the food industries and cruel perspective on animals whether they viewed these creatures not as living things but as food products. Of course, for them, size is directly tied to product value. And then I ended up thinking about why the pig looks so sad and depressed. And repeatedly thinking about this let me do this very strange story of 〈Okja〉.

사회자 One of the things that you did for research, you went a slaughter house in the U.S., Colorado.

(감독님은 영화 준비를 위해서 미국 콜로라도에 있는 도살장에 갔었죠.)

봉준호 Yeah, they call it Beef Plant, they never call it a slaughter house and they are very proud of it.

(네. 그 사람들은 거기를 고기 공장이라 불러요. 도살장이라 부르지 않고요. 그리고 꽤 자랑스러워 합니다.)

거기가 최신 장비로 현대적으로 잘 갖춰져 있고, 또 Humane Society (동물 인도주의 협회) 같은 그런 NGO들의 승인도 받은 곳이에요. 동물의 고통을 최소화하려고. 그러니까, 되게 잘되어 있는 도살장이에요. 그런데도 실제 가서 보면 되게 무서워요. 되게 끔찍하고.

샤론최 It was a modern facility with a latest equipment and they were actually approved by Humane Society, NGOs for minimizing the pain that these animals would have to go through. So, it was a very well functioning and kept slaughter house. But even then, It was very scary being there.

사회자 So, it might sound to people like, the underlying point of the movie for you was to comment on treatment on animals. But I think what you've talked about is that it's more about the economic system that would lead to such a systematic slaughter of animals, right?

(그래서 사람들에게는 영화에서 감독님이 동물에 대한 처우를 이야기하려고 하는 걸로 보일 수 있는데요. 그러나 제가 알기론 감독님이 이 영화는 도살로 이끄는 산업 시스템에 대해서 이야기한다고 했어요. 맞나요?)

봉준호 물론 저도 동물을 사랑하고, 집에 개도 키우고 있고, 육식을 줄여야

된다고 믿는 편이지만, 물론 〈옥자〉라는 영화를 통해서 "이 영화를 본 사람은 모두 비건(채식주의자)이 되야 해", "고기를 먹는 건 나쁜 행동이야" 이렇게 말하고 싶은 그런 의도도 없었어요. 단지 우리 식탁에 오르는 고기들이 원래는 생명체였고 동물이었는데, 어떤 과정을 거치는가. 그리고 그 과정에서 큰 이익을 보는 사람들이 있다는 것. 그러니까 인더스트리(산업계) 자체의 모습을 해부해서 보여 주고 싶었던 측면이 컸죠.

샤론최　　Of course I'm an animal lover and I have a dog at home. And I do believe that everyone should eat less meat. But my intention wasn't to declare that everyone should become a vegan and eating meat is bad. What I really wanted to explore was the process that the meat that we have on a table, the process that they go through. They were once animals and they're people that see a huge profit through the process of them becoming food product. So my intention was to dissect the food industry.

Repeatedly thinking about this let me do this very strange story of 〈Okja〉.

이걸 반복적으로 생각하다 보니 〈옥자〉라는 이상한 이야기를 하게 됐다.

● **동명사(~ing)와 let(시키다, 허락하다)을 활용하여 영작하기**

Getting up early will let you have time to eat breakfast.

일찍 일어나면 아침 먹을 시간이 생길 것이다.

(영작) _____ing _____ let _____

What I really wanted to explore was the process that the meat that we have on a table.

내가 진짜 탐구하고 싶은 것은 고기가 식탁에 올라오는 과정이었다.

● **관계 대명사 what을 활용하여 영작하기**

ex) What I want to eat the most is the pork soup my mom cooks.

내가 가장 먹고 싶은 것은 엄마가 요리하신 고깃국이다.

(영작) What _____.

> " *Whenever I finish a film, I'm always
> entangled in all these regrets.* "

영화를 완성할 때 늘 여러 가지 후회들이 뒤범벅이 되거든요.

대히트를 친 〈기생충〉이 미국에서 드라마로 나올 예정인 것 알고 계시죠. 미국을 대표하는 드라마 제작사인 HBO 에서 제작하며 미국인들이 미국 문화로 좀 더 각색하여 나올 거라고 하니, 기대가 되는데요. 이런 〈기생충〉의 히트에 대한 소감과, 이외의 앞으로 계획에 대한 대화입니다.

사회자   I wanna ask you, making this movie, you've now made 7 features. Did you have any sense that you were making a movie that could go over as huge all around the world as this one has? and just part B to that question, why do you think it has?

(이것까지 7편의 영화를 만들었는데요, 봉 감독님은 이 영화를 만들면서 이게 전 세계를 강타할거라는 생각을 했는지, 그리고 이것과 함께 왜 대박이 났다고 생각하는지 궁금해요.)

봉준호   전혀 예상을 못했고 이렇게 샌타바버라의 관객 분들을 만나게 되는 일들도 상상을 못했고, 그냥 평소 하던 대로만 했어요. 대신 그런 건 있었어요. 작년 3월에 영화를 완성했을 때, 별로 후회가 되는 부분이 없더라고요. 항상 영화를 완성할 때 여러 가지 후회들이 뒤범벅이 되는데, 상대적으로 후회가 적었어요. 그 느낌은 기억이 납니다. 그런데 칸에서부터 오스카까지, 그리고 여기 샌타바버라까지 이런 일들이 펼쳐질 것이라고는 전혀 상상도 못했었고, 되게 신기한 일들이 벌어진다는 느낌이죠.

샤론최   I didn't anticipate it at all. I never imagined that I would be here with audiences in Santa Barbara. I just shot the film as I've always done with my previous works. But last March, when I completed the film, I did realize that I had little[1] regret with 〈Parasite〉. Whenever I finish a film, I'm always entangled in all these regrets but, relatively I didn't have as many. But obviously, since Cannes to now that Academy, right now Santa Barbara, I never imagined any of these. It is all very new and surprising.

봉준호   물어봤잖아요? 왜 잘된 것 같느냐고… (저는) 잘 모르겠고 아마 (영화에서) 그날 비 오는 밤에 가정부가 집으로 돌아왔기 때문인 것 같아요. 그래서 이렇게 잘 된 것 같아요.

샤론최   So you asked me why this film was so successful and I honestly don't know the answer to that. I think the only answer I can think of is because the house keeper came back to the house on that rainy night.

(일동 웃음)

사회자   I'm wondering what would be next for you. I've heard about.. there's gonna be maybe a TV series related to 〈Parasite〉. You mentioned you're a comic book lover. I suspect there might a few people want you to make a comic book movie. What's your plan for after all this?

(봉 감독님이 이 다음에 무얼 할지가 궁금한데요. 〈기생충〉과 관련된 TV 시리즈가 있을 거라고 들었고요. 감독님이 만화책을 좋아한다고 했는데, 만화 영화를 원하는 사람들도 있을 것 같아요. 이 영화제 시즌이 끝난 뒤 어떤 계획이 있나요?)

봉준호   HBO와 애덤 매케이(빅쇼트, 앤트맨)와 함께 하는 리미티드 시리즈는 오래전부터 제가 구상해 왔던 거예요. 처음 시나리오 쓸 때부터, 영화에서는 보여지지 않은… 두 시간짜리 영화에는 넣을 수 없었던 여러 가지 인물들의 숨겨져 있던 사연들이나, 아이디어들이 많이 쌓여 있었어요. 그것들을 쫙 펼쳐 보이고 싶었던 거죠. 그러니까, TV 쇼라기 보다는 6시간짜리 영화라고 생각하고 있어요. 확장된 영화의 느낌. 그리고 넥스트 프로젝트로 한국어 영화 하나랑, 영어 영화를 각각 하나씩 준비하고 있는데, 몇 년 전부터 준비해 오던 것들이고, 그거를 계속 준비하고 있어요. 이번에 〈기생충〉과 관련된 것들 때문에 상황이 바뀐 건 전혀 없고, 원래 준비하던 것을 그대로 계속하고 있는데, 둘 다 좀 작은 규모의 영화예요. 드라마에 집중하는 영화고. 이 어워드 시즌이 끝나야 제가 시나리오를 쓸 수 있을 것 같아요. 지금은 아주 시나리오의 초기 단계.

샤론최   The TV series with HBO and Adam McKay is something that I've been thinking for a long time since I started writing the script because I had all these ideas accumulated about the characters and hidden back stories I couldn't include in the 2 hour running time of the film. So I just wanna spread them all out through this limited series. And more than being a TV show, I really think of it as a 6 hour expanded film. For my next projects, I'm currently working on one Korean film and one English language film. These are project that I've been working on past couple of years. I'm just preparing them as I've always done. Nothing has really changed because of what's happening with 〈Parasite〉. And both projects are quite small, focused on drama. And I think this award season has to end for me to really focus on writing the script. Right now, I'm still on the very early stage of screen writing.

Words & Phrases

regret 후회

relatively 상대적으로, 비교적으로

obviously 명백히

accumulate 모으다, 축적하다

expand 확장하다, 팽창시키다

Zoom Up!

〈1〉 little '거의 없는/작은' 쓰임 구별하기

little과 few는 '거의 없는'이란 부정의 의미를 갖는다고 앞에서 얘기했는데요. 이번에는, little이 가지고 있는 다른 뜻인 '작은'과 구분하는 법을 알려드릴게요.

먼저, '작은'으로 little은 단순한 형용사죠. 그래서 크기를 가늠할 수 있는 명사 앞에 쓰여요. 따라서 위치는 'a little boy(한 작은 소년)'으로, 다른 일반 형용사들처럼 관사(a, the), 소유격(my) 뒤에 위치하면서 명사 앞에 있어요.

반면 '거의 없는'이라는 부정의 뜻으로 쓰일 경우에는 부사와 형용사 두 가지로 쓰일 수 있어요. 형용사로 쓰이더라도 '작은'과 구별이 되는데요, 그 이유는 '거의 없는' 의미를 쓰고 싶은데 수식하는 대상이 셀 수 있는 명사라면 few를 써야 하고, 셀 수 없는 명사라면 little을 써야 하기 때문이죠. 그래서 앞의 boy 같은 경우에는 '거의 없다'라고 수식하고 싶으면 little을 못 쓰고 few를 써야 해요.

There were few boys in the ground.
운동장에 애들이 거의 없었다 (아이들 = 셀 수 있는 명사)
I had little regret with ⟨Parasite⟩.
기생충을 찍고 후회를 거의 안 했다. (후회 = 셀 수 없는 명사)

I did realize that I had little regret with ⟨Parasite⟩.
기생충에 대해서 후회가 없다는 것을 깨달았어.

● 'do/did/does + 동사 원형' 표현 활용하여 영작하기
ex) She did see me but said nothing.
그녀는 분명히 날 봤는데 아무 말도 안했어.

(영작) ___ do/did/does _____.

> " *I'm not control freak. Only one thing* *I'm very obsessed is exact lunch time.* "
>
> *저는 통제에 미친 사람이 아닙니다.*
> *단 하나 제가 집착하는 건 정확한 점심시간입니다.*

이번 스크립트는 봉준호 감독의 디테일 콘티에 대해서 배우들의 직접적인 생각을 담은 대화예요. 배우 박소담과 최우식도 의견을 말해 주는데 말 속에는 그들의 개성이 잘 드러나고 있습니다.

사회자   Can you talk about your experience from the other side? Especially you've made like 5 films together.

(송강호 씨가 다른 입장에서 얘기할 수 있나요? 봉 감독님과 다섯 편이나 함께 영화를 했죠.)

송강호   그렇죠. 콘티가 다른 감독님보다 훨씬 더 정교한 편이죠, 봉준호 감독님이. 그래서 사실 어렵기도 하고, 그게 더 쉬울 수도 있고, 때에 따라서 좀 많이 다른 것 같아요.

통역사	The storyboards Director Bong creates are much more meticulous than other directors. I do admit that. I think it can be easy or difficult. It really depends on the <u>circumstances.</u>⟨1⟩

Words & Phrases
circumstance 환경, 상황
backbone 척추, 근간
be concerned 걱정하다

최우식	It was like having a really strong <u>backbone.</u>⟨2⟩ It was really compact. The storyboard was really detailed. So <u>it was really easy for us to act</u>⟨3⟩ and be more free about our performance. (콘티는 엄청난 비밀 병기를 갖는 것 같았어요. 굉장히 짜임새 있고 세부적이죠. 그래서 연기하고 자유롭게 표현하기에 굉장히 쉬웠어요.)
박소담	감독님의 콘티가 정말 너무나 명확해서 조금은 제가 "그 안에서 자유로울 수 있을까"에 대한 걱정을 사실 처음엔 조금은 했는데 너무나 바보 같은 걱정이었고, 오히려 그 정확한 콘티 속에서 제가 조금 더 자유롭게 다양한 것들을 감독님을 믿고 의지해서 시도할 수 있어서 정말 재미있는 작업이었던 것 같아요.
통역사	Because of the details storyboard had, director Bong built, I was being concerned about how much freedom I would be getting when we actually start shooting. But once I started shooting, <u>I realized how stupid that concern was because of how much freedom that it actually allowed me to do and how much clear definition of what the boundary was set by the director that allowed me to be the best as I can be with his expectation.</u>⟨4⟩
봉준호	I'm not control freak. Only one thing I'm very obsessed is exact lunch time.

(일동 웃음)

(저는 통제에 미친 사람이 아닙니다. 단 하나 제가 집착하는 건 정확한
점심시간입니다.)

〈1〉 circumstance 어원 파헤치기

circumstance는 주위 환경, 상황을 의미합니다. 쪼개서 보면, circum은 원,
둘레를 의미하고, stance는 '서 있기'를 의미해요. 둘레에 서 있는 것들이 주위
환경인 것이죠! 이것과 연계되는 단어들도 이 기회에 쉽게 알아둬요!

> circumspect 신중한 (spect = 보다)
> circumvent (어려움, 장애물을) 피해 가다 (vent = 오다)
> circumscribe (자유를)제한하다 (scribe = 쓰다, 그리다)
> circle 원
> stand 서 있다
> stance 입장, 자세
> standard 표준
> outstanding 뛰어난

〈2〉 최우식의 영어 슬랭 backbone

최우식은 캐나다에서 10대 시절을 보낸 만큼, 해외 인터뷰는 대부분 직접

영어로 얘기하려고 하는데요. 이번 대화에서는 봉준호 감독의 스토리보드를 "backbone"이라고 비유했어요. backbone의 사전적 의미는 척추, 뼈대인데, 실생활에서는 어떤 팀의 핵심 능력, 핵심 인물을 backbone이라고 해요. 더 나아가면 "배짱"을 의미하기도 해요.

> The storyboard was the backbone for the movie.
> 그 스토리보드는 영화의 핵심 무기였다.
> Get some backbone, man! 자신감을 가져!

〈3〉 it 가주어 to 진주어

영어 문법을 공부하다 보면, To act was easy. (연기하는 것은 쉬웠다)를 It was easy to act로 가주어 it을 써서 바꿔 쓸 수 있다고 배웁니다. 우리말의 어순과 가까운 것은 it이 없는 개념이에요. 그런데 실제 영어 회화에서는 웬만하면 it을 쓴 문장을 씁니다. 이 it은 우리말에서는 잘 쓰지 않는 개념이기 때문에 더욱더 노력해서 다양한 it의 쓰임과 느낌을 익혀야 해요.

〈4〉 구조 정리

영어가 어려워 보이는 건 이렇게 여러 개의 문장이 문장 안의 문장으로 얽혀 있을 때예요. 그러나 기본 5단어 내외 수준의 문장 구조와 접속사 그리고 관계사를 파악할 수 있으면, 길기만 길지 쉬운 문장이 겹겹이 있을 뿐이라는 것을 알게 됩니다. 이 문장의 주절은 "I realized(나는 깨달았다)"이고, 깨달은 목적어는 "how stupid that concern was(얼마나 바보 같았는지)"입니다. 그 뒤로는 모두 부사절입니다.

because of(~이기 때문에)에는 두 가지 how much가 들어가요. "how much freedom that it actually allowed me to do(엄청나게 많은 자유가 나에게

허락되었고)"와 "how much clear definition of what the boundary was set by the director(감독님에 의해서 정의와 경계가 명확해졌다)"는 것이죠.

그 뒤의 "that allowed me to be the best as I can be with his expectation(그의 바람에 따라 내가 할수 있는 한 최고를 허락한)"은 바로 앞의 the director, 감독을 수식하는 거죠.

It was really easy for us to act.
우리가 연기하기에 편했어요.

● **it, for, to 구문 활용하여 영작하기**

ex) It was really easy for me to cook with the air fryer.
에어 프라이어를 이용해서 요리하는 건 정말 쉬웠어요.

(영작) It ＿＿＿＿＿＿＿＿＿＿＿ for ＿＿＿＿ to
＿＿＿＿＿＿＿＿＿＿.

> *" The ending kind of left me speechless and I thought like there was a hole in my heart. "*
>
> 엔딩 부분에서 너무나 먹먹했고
> 가슴 한 구석이 뻥 뚫린 듯한 느낌이 들었어요.

이 부분은 결말에 대한 일부 스포일러가 들어 있어요. 영화를 혹시 아직 안 보셨다면 신중히 읽어 주세요. 〈기생충〉은 영화 끝까지 예측할 수 없는 전개로 사람들이 집중해서 영화를 보게 만들었는데요, 박소담과 최우식은 처음 대본을 받았을 때, 그리고 촬영하면서 어떤 생각이었는지 함께 읽어 보시죠.

사회자 Do you have any surprises when you see the finished film or do you know where it's going before the final edit?
(완성된 영화를 보고 놀랐나요 아니면 편집 전에 이미 어떻게 나올지를 예상했나요?)

박소담 일단, 시나리오를 읽으면서도 그 속도감에 굉장히 놀랐었거든요. 시나리오를 다 읽고 엔딩 부분에서 너무 너무나 먹먹해서 한동안

꽝장히 멍했었고, 그리고 가슴 한구석이 뻥
뚫린 듯한 느낌이 들었었어요. 그래서 빨리
다른 분들이 어떻게 읽었는지에 대해, 이
영화에 대해서 많은 이야기를 나누고 싶은
생각이 들더라고요.

통역사 My first impression when I was reading
the scenario was the speed and the velocity of how fast pace
entire story was building up throughout the entire film. So when I
actually finish reading the script for the first time, the ending kind
of left[1] me speechless and I thought like there was a hole in my
heart. I didn't know how to think and I didn't know how to feel.
Because of that, I was really looking forward for other actors and
teams to be descript to be able to talk about it.

사회자 I was really hoping that you wouldn't die and you are gonna
come back.

(일동 웃음)

(저는 정말 당신이 죽지 않고 돌아오길 바랐어요.)

최우식 When I was reading it, I thought I was gonna die. But she ended
up dying.
(대본을 읽을 때 저는 제가 죽을 줄 알았어요. 그렇지만 소담 씨가
죽었죠.)

박소담 그래서 감독님께서 제가 죽을 것처럼 보이지 않으면 좋겠다고
얘기를 하셨어요.

통역사	Because of that reason, director actually wanted me to act out as if I wasn't the one dying.
봉준호	얘가(최우식) 죽을 것 같게(박소담이 아니라).
샤론최	And in the film we actually feel like it's son(최우식) who's gonna die, not the daughter(박소담).
최우식	'Cause I got hit twice, not even once but twice. So I thought I was gonna die. (제가 두 번이나 당했기 때문이죠. 한 번도 아니고 두 번이나. 그래서 제가 죽을 것 같다고 생각했죠.)

〈1〉 leave가 회화에 쓰일 때

'떠나다, 남겨두다'로 흔히 알고 있는 leave는 회화에서 "I left her(그녀를 떠났어)"처럼 장소나 사람과의 이별을 말하는 데 많이 쓰이고, 두 번째로는 떠나는 대상을 어떠한 상태로 만들었다는 의미까지 더할 때 편리하게 쓸 수 있어요. 영어는 위치어이기 때문에, 어떤 상태인지 설명하는 단어만 그 위치에 넣으면 그 뜻이 되는 거죠.

She left me crying. 그녀는 내가 울게 남겨 두고 떠났다.
She left this letter for me. 그녀는 이 편지를 두고 떠났다.

The ending left me speechless and
I thought like there was a hole in my heart.

결말이 내가 말을 잇지 못하게 만들었고, 마음에 구멍이 뚫린 것처럼 느껴졌다.

● **leave를 활용해서 영작하기**

ex) Marriage left me without a penny. 결혼 생활은 나를 개털로 만들고 끝났다.

(영작) _____ leave/left _____.

" So all the actors and I here are crazy about art. "
저와 여기 모든 배우 분들은 다 오로지 예술에만 미친 사람들이에요.

〈기생충〉은 두 가족의 이야기라고도 볼 수 있죠. 가족을 어떻게 설명할 수 있을까요? 가족에 대한 봉준호 감독의 생각을 함께 읽어 보고, 영화의 가난한 가족에 대해서도 함께 생각해 봐요.

샤론최 I was surprised how detailed the family relationships were in the film, so I want to know, how you developed that ensemble.
(가족 관계가 참 디테일하게 묘사되어서 놀랐고, 그런 앙상블을 어떻게 만들었는지 궁금합니다.)

봉준호 일단 가족이, 한국에서 식구(食口)라는 단어를 쓰는데, "같이 밥을 먹는다"라는 뜻이잖아요. 그런 개념 자체에서 출발했죠. 유난히 다 같이 먹는 장면이 많았잖아요. 바베큐도 해먹고. 근데 저의 바로 이전 작품이 〈옥자〉라는 영화인데, 좀 약간 죄책감을 느끼지만, 어쩔 수 없이 바비큐 장면을 많이 넣을 수밖에 없었고요.

샤론최 So in Korean, the word family is <u>comprised of</u> [1] two Chinese characters that basically means to eat together. So, that's where that whole chemistry began. You see a lot of scenes where they're eating together. Since my previous film was 〈Okja〉, I did feel guilty about including all these barbeque scenes but I had to.

(일동 웃음)

봉준호 (관객을 가리키며) My cousin is there. She is former humane society vice president so I'm very nervous here. Anyway.
(제 조카가 저기 있는데 동물 애호 협회의 부회장이었어요. 말하기가 긴장되네요. 아무튼.)

(일동 웃음)

유난히 같이 모여 있는 장면들이 많아요, 이 가족들이. 근데 영화의 끝에 보면, 이들이 좀 뿔뿔이 흩어지게 되죠. 좀 심각하게 말하자면 이들이 받는 벌이라고 할까. 그만큼 가족이란 건 한 화면 안에 그들을 시각적으로 봤을 때 느낌이 중요한 것 같아요.

샤론최 In this film, you really do see a lot of scenes where Kim family gather together. And in the end, what happens is that they all scatter and they can no longer see each other. So in a more serious note, the punishment that this family receives is that they can no longer be together. I think with family, it's really important how they feel, when you see all of them in the same frame.

Words & Phrases
be comprised of ~로 구성되다
humane society 동물애호협회, 인도주의 협회
scatter 뿌리다, 흩어지다
dumb 벙어리의, 멍청한
nonetheless 그럼에도 불구하고 (despite that)
polarization 양극화

봉준호   그리고 기본적으로 이 가족들이 멍청하거나, 무능력하거나, 게으른 사람들이 아니거든요. 다 멀쩡히 보면 일을 하잖아요. 막상 부잣집에 들어가면. 사지가 멀쩡하고 분명히 능력이 있는 사람들인데 그럼에도 불구하고 일자리가 없다는 거, 그게 이 영화의 출발점인데. 그거 자체가 말해 주는 바가 있다고 생각했어요. 요즘의 한국뿐 아니라 전 세계의 모든 양극화 시대에 대해서. 일자리가 없는 모습 자체가.

샤론최   And basically everyone in the Kim family, it's not as if they're dumb, incompetent or lazy. They're actually very capable and smart. And once they get the jobs in the rich family, they do a really great job. But nonetheless they don't have jobs. That's where the story begins and that's how these characters begin their stories. And I think that itself sort of reflects this era of polarization that we're living in. This state applies not only Korea but countries all over the world.

사회자   Are you gonna present yourself in Korean election?
(선거에 나가실 건가요?)

봉준호   저와 여기 모든 배우 분들은 다 오로지 예술에만 미친 사람들로서, 정치와는 아주 거리가 먼 사람들입니다.

샤론최   So all the actors and I here are crazy about art. We're very distant from actually being politicians.

〈1〉그룹을 구성하는 요소를 설명하는 여러 단어가 있는데요, 각 단어에 따라서 '(그룹) 을 구성하다', '(구성 요소)로 구성되어 있다'로 포함 관계가 반대예요. 이번 기회에 구분하며 공부해요!

● '그룹 consist of 요소' ~로 구성되어 있다
Water consists of H and O.
물은 산소와 수소로 구성되어 있다.

● '그룹 be composed of 요소' ~로 구성되어 있다
This baseball team is composed of teenagers.
이 야구팀은 10대들로 이루어져 있다.

● '그룹 be comprised of 요소' ~로 구성되어 있다
The committee is comprised of 10 members.
그 위원회는 10명으로 구성되어 있다.

● '요소 compose 그룹' ~을 구성하다
These people compose the team. 이 사람들이 팀을 구성한다.

● 'comprise 요소'~을 구성하다, ~로 구성되어 있다 (둘 다 됨)

Old people comprise a large portion in this area.

고령자는 이 지역의 많은 비율을 차지한다.

The collection comprises 327 paintings.

그 전집은 327점의 그림들로 이뤄져 있다.

The word family is comprised of two characters that basically means to eat together.

가족이란 단어는 '함께 먹는다'는 두 글자로 이루어져 있어요.

● '구성하다'라는 단어 활용하여 영작하기

ex) My family consists of 5 people. 우리 가족은 5명 입니다.

응용 : My family consists of 5 people who live all apart.

우리 가족은 5명인데 다 떨어져서 살고 있습니다.

(영작) _____ consist of _____.

_____ compose _____.

_____ comprise _____.

부록 해당 영상 URL

01. https://tv.naver.com/v/12041646

02. https://tv.naver.com/v/15012562

03. https://www.youtube.com/watch?v=7TtC5JKip00&t=1s

04. https://tv.naver.com/v/14767454

05. https://tv.naver.com/v/12753882

06. https://tv.naver.com/v/12759062

07. https://tv.naver.com/v/12828051

08. https://tv.naver.com/v/12771204

09. https://tv.naver.com/v/12811571

10. https://tv.naver.com/v/12934343

11. https://tv.naver.com/v/12938988

12. https://tv.naver.com/v/12939035

13. https://tv.naver.com/v/12939055

14. https://tv.naver.com/v/12939078

15. https://tv.naver.com/v/12939102

16. https://tv.naver.com/v/12939132

17. https://tv.naver.com/v/13051312

18. https://tv.naver.com/v/13051355

19. https://tv.naver.com/v/13051460

20. https://tv.naver.com/v/13051491

21. https://tv.naver.com/v/13332579

21. https://tv.naver.com/v/13332579

22. https://tv.naver.com/v/13333809

23. https://tv.naver.com/v/13335090

24. https://tv.naver.com/v/13335371

25. https://tv.naver.com/v/13331903

26. https://tv.naver.com/v/13238737

27. https://tv.naver.com/v/13238777

28. https://tv.naver.com/v/13238822

29. https://tv.naver.com/v/13332144

30. https://tv.naver.com/v/13332237

31. https://tv.naver.com/v/13331855

32. https://tv.naver.com/v/13331950

33. https://tv.naver.com/v/13332404

34. https://tv.naver.com/v/13335832

35. https://tv.naver.com/v/13331816

36. https://tv.naver.com/v/13336109

37. https://tv.naver.com/v/13334151

38. https://tv.naver.com/v/15194960

39. https://tv.naver.com/v/13334585

세계인이 감탄한
급이 다른 영어 회화

영화 〈기생충〉 해외 인터뷰
샤론최의 찐 영어

지은이 | 맥스잉글리쉬

이 책의 편집과 교정은 김미정, 출력과 인쇄는 꽃피는 청춘의 임형준이,
제본은 은정문화사의 양현식이 진행해 주셨습니다.
이 책의 성공적인 발행을 위해 애써주신 다른 모든 분들께도 감사드립니다.
틔움출판의 발행인은 장인형입니다.

초판 1쇄 인쇄 2020년 8월 24일
초판 1쇄 발행 2020년 9월 8일

펴낸 곳	틔움출판
출판등록	제313-2010-141호
주소	서울특별시 마포구 월드컵북로4길 77, 353
전화	02-6409-9585
팩스	0505-508-0248
홈페이지	www.tiumbooks.com

ISBN 978-89-98171-93-3 03740

틔움은 책을 사랑하는 독자, 콘텐츠 창조자, 제작과 유통에 참여하고 있는 모든 파트너들과 함께 성장합니다.